NATÜRLICHE BOOSTER DRINKS

Tanita de Ruijt

NATÜRLICHE BOOSTER DRINKS

GESUNDE TONICS AUS INGWER, KURKUMA & CO.

Inhalt

VORWORT

Beim allerersten Anflug einer Erkältung braue ich in meiner Küche ein Getränk, um mich zu kurieren. Nein, ich bin weder Ärztin noch Ernährungswissenschaftlerin. Ich koche einfach gern, und es ist mir wichtig, den Geschmack und die Heilwirkung meiner Zutaten möglichst optimal auszuschöpfen.

Nahrung als Heilmittel zu nutzen, hat etwas mit dem menschlichen Überlebensinstinkt zu tun, doch den nehmen wir oft gar nicht mehr wahr. Dabei ist dieser Instinkt auch dann nützlich, wenn es nicht ums pure Überleben geht, sondern um alltägliche Wehwehchen: Halsschmerzen beim Aufwachen am Morgen eines wichtigen Termins, Völlegefühl nach einer zu reichlichen Mahlzeit (das Leben kann so lecker sein), ein Kater (kann manchmal vorkommen) oder das klassische Energietief am Nachmittag.

Früher wussten Köche über die umfassende Wirkung ihrer Zutaten Bescheid. Kräuter und Gewürze kamen aus geschmacklichen Gründen in den Kochtopf, wurden aber darüber hinaus auch für medizinische Zubereitungen verwendet. Damit meine ich die Hausmittel unserer Groß- und Urgroßmütter. Ich nenne sie der Einfachheit halber Tonics, es müssen aber nicht zwangsläufig Getränke sein.

Der Begriff Tonic leitet sich ab von dem Wort Tonikum, das einen stärkenden Trank bezeichnet. Tatsächlich unterstützen Tonics die Funktion von Verdauung, Atmung, Nerven und Drüsen und können so dazu beitragen, Alltagsbeschwerden im Keim zu ersticken, sobald sich erste Symptome zeigen – und bevor sie sich zu einer langwierigen Krankheit ausweiten. In diesem Sinn sind Tonics ein Beitrag zur Vorbeugung und zur ganzheitlichen Gesundheit.

Für Tonics braucht man übrigens nicht die allerneuesten, angeblich so gesunden „Superfoods“ im Haus zu haben. Kräuter, Gewürze und andere stark wirkende Zutaten haben die meisten wahrscheinlich ohnehin immer im Vorrats- oder Kühlschrank. Schon ihr Geruch kann den Appetit anregen, die Verdauung aktivieren und die Ausschüttung von Endorphinen – körpereigenen Wohlfühlstoffen – auslösen.

Dieses Buch stellt viele Rezepte vor, mit denen sich kleine Beschwerden schnell und risikolos behandeln lassen. Die Tonics schmecken prima, spenden Energie und heben die Stimmung.

So lassen sich aus dem Küchenvorrat erstaunlich wirksame und preisgünstige Hausmittel herstellen.

DIE JAMU-KÜCHE

Ich bin zwar in Südspanien aufgewachsen, doch meine Leidenschaft fürs Kochen habe ich beim Besuch eines Biohofs auf der indonesischen Insel Bali entdeckt. Der Führer, den ich auf Mitte 50 schätze, sprach in einer Weise über seine Produkte, die meinen Blick auf Speisen und Gesundheit grundlegend verändert hat.

Er pflückte ein frisches Lorbeerblatt und erzählte mir, er wolle daraus später am Abend einen Tee kochen, um die Gelenkschmerzen zu lindern, die ein langer Arbeitstag bei der Ernte mit sich bringen. Ich hätte damit gerechnet, dass er mir Lorbeer als ideales Gewürz für ein Curry empfehlen würde, immerhin wollten wir entsprechende Zutaten fürs Mittagessen ernten. Aber ihm ging es nicht um den Geschmack. Für ihn war das Wissen über die Heilwirkung der Zutaten, das von Generation zu Generation weitergegeben wurde, viel wichtiger. Dieses Wissen nannte er „Jamu“. Ich war sofort fasziniert.

Jamu heißt die traditionelle indonesische Heilkunde. Um das allgemeine Wohlbefinden zu stärken, werden einheimische Wurzeln, Gewürze, Kräuter, Rinde, Schalen und ganze Pflanzen verwendet. Lange bevor die westliche Medizin Indonesien erreichte, wurden diese Heilmittel schon eingesetzt. Sie sind von der chinesischen Heilkunde und vom Ayurveda beeinflusst, aber an die tropischen Pflanzen angepasst, die in der unglaublich artenreichen Inselwelt Indonesiens üppig gedeihen.

Kurkuma-Tamarinden-Tonic (Jamu Kunyit Asam) ist das beliebteste Jamu-Tonic. Es soll blutreinigend und entzündungshemmend wirken, die entgiftende Leberfunktion fördern, Bakterien bekämpfen, das Immunsystem stärken und beim Abnehmen helfen.

Die intensive Farbe täuscht, denn das Tonic schmeckt ganz mild. Es wird auf Bali von Straßenhändlern verkauft. Ich habe es während meiner Reise jeden Morgen getrunken, und schließlich hat mir eine Händlerin die Zubereitung gezeigt.

Nach der Heimkehr habe ich mich mit Jamu beschäftigt und versucht, möglichst ähnliche Zutaten zu finden. Es dauerte nicht lange, bis ich samstags auf einem Markt meine Produkte verkaufte – nur zum Spaß. So fing es mit der Jamu-Küche an.

ALTES WISSEN FÜR UNSERE ZEIT

Es ist mir ein Anliegen, altes Wissen und eine wertvolle traditionelle Küchenkultur zu erhalten. Gleichzeitig möchte ich das Bewusstsein für solche alten Traditionen stärken, indem ich Möglichkeiten zeige, heilsame Tonics zu Hause selbst herzustellen. Wenn ich hier in London in einem Geschäft ein Getränk sehe, das ich auf Bali kennengelernt habe, ist das ein kleiner Schritt auf diesem Weg.

Mit diesem Buch möchte ich das Wissen, das ich nach und nach erwerben konnte, an möglichst viele Leser weitergeben. Ich möchte anderen Menschen helfen, das Potenzial herkömmlicher Zutaten zu erkennen und ihnen Mut machen, ihre eigene Jamu-Küche einzurichten, um beim Auftauchen von Alltagsbeschwerden besser gerüstet zu sein.

Die Forschung beschäftigt sich erst seit relativ kurzer Zeit mit traditionellen Heilzubereitungen. In meinen Rezepten berücksichtige ich neue Erkenntnisse aus dem Westen ebenso wie uraltes Wissen aus dem Osten. Die Wirksamkeit mancher Zutaten wird von der modernen Wissenschaft bestätigt, aber alle haben sich in der traditionellen Volksheilkunde bewährt.

Obwohl ich großen Wert auf das Wahren von Traditionen lege, habe ich versucht, meine Rezepte dem heutigen Geschmack anzupassen, ohne dabei hinsichtlich der Wirkung Kompromisse einzugehen. Natürlich spielt der Geschmack eine wichtige Rolle, denn wir sind viel eher bereit, etwas täglich zu uns zu nehmen, wenn dies mit Genuss verbunden ist. Ein gutes Beispiel ist die Entstehungsgeschichte des „Gin Tonic“. Britische Soldaten mussten in indischen Kolonien ein chininhaltiges Tonikum zur Vorbeugung gegen Malaria trinken. Weil es so bitter schmeckte, kombinierten sie es mit Gin und Limettensaft.

ÜBER DIESES BUCH

Ich empfehle, mit den Rezepten zu experimentieren. Schließlich sollen sie dem jeweiligen persönlichen Geschmack und Lebensstil entsprechen. Strikte Regeln gibt es nicht, außer den wenigen, die auf der nächsten Seite folgen.

Dieses Buch ist in zwei Teile gegliedert. Im ersten Teil geht es um die medizinischen Eigenschaften der Wurzeln, Rinden, Schalen, Kräuter und Gewürze, die für Tonics verwendet werden. Hier wird alles beschrieben, was der Küchenapotheker wissen muss.

Der zweite Teil enthält Rezepte, mit denen die heilenden Zutaten zur rechten Zeit in den Alltag integriert werden. Manche Rezepte sind schnell zubereitet, andere erfordern etwas mehr Zeit und Geduld. Jedes Kapitel ist einem bestimmten Beschwerdetyp gewidmet. So ist die passende Information und Hilfe schnell gefunden.

Alle Rezepte in diesem Buch dienen lediglich zur Stärkung der Abwehrkräfte und zur Verbesserung des Allgemeinbefindens. Bei stärkeren Beschwerden ist unbedingt ein ein Arzt zu konsultieren.

WISSENSWERTES

QUALITÄT

Ein Tonic kann nur so gut sein wie seine Zutaten. Sei anspruchsvoll! Bei frischen Kräutern und ungeschälten Wurzeln ist Bioware immer zu bevorzugen. Gewürze sind am besten im Ganzen (also nicht gemahlen), weil so die ätherischen Öle optimal erhalten bleiben. Freunde von Kuhmilch wählen möglichst frische Vollmilch von glücklichen Kühen (Bio- oder Weidemilch). Zucker und Salz sollten in möglichst natürlicher Form und grundsätzlich sparsam verwendet werden. Nutze vermeintliche Abfälle wie Schalen und Rinde für einen heißen Aufguss (Tee).

AUSGEWOGENHEIT

Auch mit nützlichen Dingen sollte man es nicht übertreiben: Zu viel des Guten kann auch schädlich sein. Oft helfen die Zutaten oder Tonics, auf die man gerade Appetit hat, am besten. So ist bei Geschmack und Wirkstoffen für Ausgewogenheit und Abwechslung gesorgt, und wir lernen, wieder auf die Intuition und die Signale des Körpers zu achten und darauf zu reagieren.

GESCHMACK

In der Ernährung sind Genuss und Nährwert nicht zu trennen. Würde man es versuchen, kämen Körper oder Emotionen zu kurz. Es ist wichtig für das Wohlbefinden, die Dinge, die man isst oder trinkt, zu genießen.

Aromen können auch eine heilende Wirkung auf den Körper haben. Mit Tonics lassen sich die alltäglichen Ernährungsgewohnheiten um abwechslungsreiche und wohltuende Geschmacksnoten bereichern.

Bitter Das ist die Grundnote eines Tonics. Fast alle sind mehr oder weniger bitter, denn die Bitterstoffe regen alle Körperfunktionen an (siehe auch Seite 110).

Süß Zucker wirkt stärkend, befeuchtend und ausgleichend auf viele Körpersysteme, vor allem, wenn man geschwächt ist. Außerdem verbessert er den Geschmack von Tonics.

Salzig Salz ist wichtig für den Flüssigkeits- und Elektrolythaushalt und somit für gesunde Organfunktionen unverzichtbar. Zu den Mineralsalzen, die der Körper braucht, gehören Magnesium, Kalium, Kalzium und Natrium.

Sauer Saure Zutaten regen die Produktion von Verdauungssäften an – Speichel inklusive –, machen Appetit und verbessern die Aufnahme von wichtigen Nährstoffen aus Speisen und Getränken.

Scharf Scharfe Gewürze heizen dem Körper ordentlich ein. Sie fördern die Durchblutung, regen den Stoffwechsel an und können beim Abnehmen helfen. Außerdem wirken sie schmerzlindernd und eignen sich zur Behandlung von Erkältungen.

DIE JAMU-APOTHEKERKÜCHE

Auf den folgenden Seiten werden die Hilfsmittel und Grundzutaten für die eigene Apothekerküche vorgestellt.

Da viele Zutaten allgegenwärtig sind, machen wir uns ihre Heilwirkung oft gar nicht bewusst, und wir wissen auch nicht, welche Teile verwendet werden können und wie sie zuzubereiten sind.

Kräuter und Gewürze sind Pflanzenteile: Blüten, Früchte, Samen, Rinde, Blätter oder Wurzeln. Sie können entzündungshemmend wirken und Bakterien oder Viren bekämpfen, außerdem enthalten sie oft mehr gesundheitsfördernde Antioxidantien als Obst und Gemüse. Die Antioxidantien stärken das Immunsystem, beugen vorzeitigen Alterungserscheinungen und chronischen Erkrankungen vor. Je mehr man von ihnen zu sich nimmt, desto besser kann der Körper sich gegen Krankheiten und Infektionen zur Wehr setzen.

HILFSMITTEL

MÖRSER UND STÖSSEL

Meinen Mörser liebe ich besonders. Er sieht nicht nur dekorativ aus, sondern ist auch unglaublich praktisch, um Ingwer oder Zitronengras zu zerdrücken, um Gewürze zu pulverisieren, um Kräuter zu zerkleinern ...

Der Mörser war das erste Gerät, das zur Herstellung von Heilmitteln verwendet wurde, und er ist noch heute in Gebrauch. Er wird schon im Papyrus Ebers aus dem Jahr 1550 v. Chr. erwähnt. Die Ägypter und Perser nutzten ihn für kulinarische sowie medizinische Zwecke. Er war die älteste schriftliche Grundlage antiken Apothekerwissens.

MIXER

Zugegeben: Mixer gab es in der Antike noch nicht, aber sie sind ausgesprochen nützlich. Je leistungsfähiger der Motor, umso besser. Sehr sinnvoll ist die Anschaffung eines passenden zweiten Bechers für alle Zubereitungen mit Kurkuma, denn sie färbt enorm!

BÜGELVERSCHLUSSFLASCHEN

sind ideal zum Aufbewahren von Tonics. Sie schließen gut, sodass das wertvolle CO_2-Gas, das bei der Gärung entsteht, nicht entweichen kann. Bitte beachte die Hinweise zum Sterilisieren (rechte Seite).

MESSBECHER

Am besten aus Glas – Plastik verfärbt sich leicht.

WAAGE

Ideal ist eine Digitalwaage, es geht aber auch ohne.

GROSSE SCHRAUBGLÄSER

Zum Einweichen und Aufbrühen, für fermentierte Tonics

PASSIERTUCH

Zum Filtern und Fermentieren

GUMMIBÄNDER

Zum Verschließen

FEINES SIEB

Zum Filtern

EDELSTAHLTÖPFE

Weil Kurkuma alles andere verfärbt

SCHUTZHANDSCHUHE

Weil Kurkuma auch die Hände färbt

Alles Nötige zum Zubereiten der Tonics

SORGFALT

Das Fermentieren ist interessant, erfordert aber etwas Sorgfalt und Aufmerksamkeit. Hefepilze treten oft zusammen mit anderen Mikroorganismen auf, beispielsweise Essigsäurebakterien. Zur Herstellung erfrischender, perlender Tonics sind sie unbedingt notwendig. Es kann aber vorkommen, dass auch unerwünschte Bakterien in den Ansatz gelangen. Wenn sich Schimmel bildet oder die Mischung unangenehm riecht, gieße sie weg und fang neu an!

ZEIT

Tonics sind nicht immer schnell zuzubereiten. Es wird nur hinzugefügt, nie weggenommen, nur aufgewertet, nie geopfert.

STERILISIEREN

Flaschen zur Aufbewahrung von Tonics müssen vorab sterilisiert werden, sonst können unerwünschte Bakterien bewirken, dass der Inhalt verdirbt.

1. Die Flaschen mit Essiglösung auswaschen. Dafür eine Mischung aus Essigessenz und Wasser (1:1) in eine große Schüssel füllen. Die Flaschen 20 Minuten hineinlegen, zwischendurch mit einer Flaschenbürste säubern.

2. Danach die Flaschen 10 Minuten in einem großen Topf mit Wasser abkochen. Sie müssen ganz untergetaucht sein und dürfen keine Luftblasen enthalten. Dadurch werden die Flaschen zuverlässig sauber, außerdem werden eventuelle Essigrückstände entfernt.

3. Die Flaschen bei niedriger Hitze im Backofen trocknen.

INGWER & VERWANDTE

Ingwergewächse sind die unangefochtenen Helden der Apothekerküche. Zur Familie gehören verschiedene Pflanzen, deren Rhizome sich in Farbe und Form, Geschmack und Wirkung unterscheiden.

Kurkuma und Galgant sind enge Verwandte des Ingwers. Sie gehören weltweit zu den beliebtesten Zutaten für Hausmittel.

Aus verschiedenen Mischungen der Ingwerarten lässt sich eine beachtliche Anzahl von Tonics herstellen. Die Wurzeln werden im Mörser zu einer Paste verarbeitet, dann werden andere Heilkräuter und Gewürze zugegeben, um die Wirkung zu verstärken. So entstehen verschiedene Tonics zur Behandlung unterschiedlicher Beschwerden.

KURKUMA

Kurkuma (Gelbwurz) gilt wegen der intensiven, gelben Farbe seit langer Zeit in verschiedenen Ländern Asiens als heiliges Gewürz. Gelb steht für Sonne, Licht, Energie und Wachstum. In ganz Asien ist Gelb die Farbe der Könige, außerdem soll sie vor bösen Geistern schützen.

Wirkung Die leuchtend gelbe Wurzel ist für ihre beachtliche Heilwirkung bekannt. Ihr aktiver Inhaltsstoff Curcumin wirkt entzündungshemmend und hilft, Bakterien, Viren und Pilze zu bekämpfen. Bei regelmäßigem Verzehr schützt Kurkuma das Verdauungssystem, verbessert die Durchblutung und wirkt blutreinigend. Kurkuma ist in nahezu allen traditionellen Jamu-Rezepturen enthalten.

Frisch Die Wurzeln sehen ähnlich aus wie Ingwer. Frische Wurzeln haben einen schärferen Geschmack als getrocknete. Das Aroma ist erdig und leicht bitter, mit Anklängen von Zitrone und Pfeffer.

Gemahlen Um die Wurzeln mahlen zu können, werden sie geschält, gekocht und getrocknet. Dabei geht ein Teil der ätherischen Öle verloren, darum ist das Pulver milder. Es gibt Speisen ein warmes Aroma und eine schöne Farbe.

Frisch oder gemahlen? Für Heilanwendungen ist frische Kurkuma die beste Wahl. Die Rhizome sollten, wie frischer Ingwer und Galgant, im Gefrierfach aufbewahrt werden. Hol bei Bedarf einfach ein Stück heraus. Es muss nur wenige Minuten antauen, bevor es in Scheiben geschnitten werden kann.

Faustregel für die Umrechnung:
2,5 cm frische Kurkumawurzel =
1 Esslöffel geriebene Kurkuma =
1 Teelöffel gemahlene Kurkuma

Vorbereitung Gründlich abspülen, aber nicht schälen (auch die Schale enthält wertvolle Nährstoffe). Mit einer feinen Reibe, einem Mörser oder Mixer zu einer Paste verarbeiten. Das ist wichtig, damit die Oberfläche möglichst groß ist und die Inhaltsstoffe optimal freigesetzt werden können.

Achtung! Frische Kurkuma färbt sehr stark. Am besten mit Handschuhen verarbeiten und keine Küchenutensilien aus Plastik verwenden. Im Notfall lassen sich frische Verfärbungen mit Zitronensaft entfernen.

Kombinieren Die Kombination von Wurzeln mit anderen Gewürzen verbessert den Geschmack und die Bioverfügbarkeit. Der Körper kann die Wirkstoffe von Kurkuma besser aufnehmen kann, wenn man sie zusammen mit Ingwer oder schwarzem Pfeffer oder mit fetthaltigen Produkten wie Milch oder Kokosmilch zu sich nimmt. Auch durch Aufbrühen oder Kochen wird Kurkuma leichter verdaulich und der Organismus kann ihre Inhaltsstoffe besser verwerten.

INGWER

Das bekannteste Mitglied der Familie wird wegen seines frischen Geschmacks geschätzt, aber auch wegen seiner günstigen Wirkung auf die Verdauung. Ingwer ist eine der ältesten Heilpflanzen und wird in der traditionellen chinesischen und indonesischen Heilkunde sowie im Ayurveda eingesetzt. Er wärmt den Körper, hilft gegen Übelkeit, regt Appetit und Verdauung an, lindert Schmerzen und fördert die Erholung nach Erkrankungen. Heißer Ingwertee ist ein gutes Mittel gegen Erkältungsbeschwerden. In Kombination mit Kurkuma vervielfacht sich die Wirkung. Die Wurzeln nur gründlich abspülen, nicht schälen.

GALGANT/THAI-INGWER

Galgant ist ein weniger bekanntes Mitglied der Ingwerfamilie mit aromatischerem Geschmack. Er stammt aus China, wo er schon seit Jahrtausenden in der traditionellen Heilkunde verwendet wird. Wie Ingwer wirkt er wärmend und verdauungsfördernd, und auch Galgant hat sich zur Linderung von Übelkeit bewährt.

Schon Hildegard von Bingen, eine anerkannte Kräuterheilkundige des 11. Jahrhunderts, wusste die Qualitäten des Galgants zu schätzen. Sie nannte ihn das „Gewürz des Lebens“ und betrachtete ihn als Universalheilmittel gegen viele Krankheiten, die damals in Europa verbreitet waren.

Frischer Galgant ist nicht überall erhältlich, aber ein kleiner Umweg zum nächsten asiatischen Supermarkt lohnt sich. Alle drei heilenden Wurzeln sind dort normalerweise immer erhältlich.

KRÄUTER

Je nach Beschwerden – oder Restbeständen von der letzten Mahlzeit – können Kräuter fast beliebig kombiniert werden, um lindernde, gesunde Tonics zuzubereiten.

Wichtig ist, dass die Kräuter möglichst frisch sind. Nicht zu einer Paste verarbeiten, sondern nur kurz im Mörser zerdrücken, sonst können sie bitter schmecken. Es genügt, durch wenig Druck und Reibung die duftenden ätherischen Öle freizusetzen. Dann werden sie einfach mit heißem Wasser übergossen. Danach wird man nie mehr getrocknete Kräuter verwenden wollen.

ZITRONENGRAS

Die Stängel mit dem frischen Duft und dem kräftigen Zitrusgeschmack sind das Paracetamol der Natur. Es lindert Kopf- und andere Schmerzen, hemmt Entzündungen und senkt Fieber. In Jamaika wird es deshalb auch als „Fiebergras" bezeichnet. Außerdem wirkt Zitronengras stärkend auf wichtige Körpersysteme wie Verdauung, Atmung, Ausscheidung und Nerven.

Anwendung: Entgiftung, Regulierung des Cholesterins, Verdauung, Stress, Fieber, Schmerzen, Kopfschmerzen, Infektionen und Immunsystem

BASILIKUM

Ob italienisch, Thai, grün oder rot: Die Basilikumarten schmecken zwar unterschiedlich, aber alle stecken voller Antioxidantien und antimikrobieller Substanzen. Sie regen den Appetit an, lindern Magen- und Verdauungsbeschwerden und befreien von Völlegefühl. Außerdem helfen sie bei Stressbeschwerden und Spannungskopfschmerzen.

Vor allem Indisches Basilikum (Heiliges Basilikum, *Ocimum tenuiflorum*) wird wegen seiner Heilwirkung in Indien seit Jahrtausenden geschätzt. Mit etwas Glück ist es auch frisch zu bekommen.

Anwendung: Gehirnfunktion und Gedächtnis, Verdauungsbeschwerden und Stress

MINZE

Es gibt zwanzig bis dreißig Minzearten mit bemerkenswerter Heilwirkung, darunter Pfefferminze, Krauseminze und Ananasminze. Alle sind gleichermaßen gesund. Minze wirkt kühlend und beruhigend. Traditionell wird sie bei Verdauungsbeschwerden und Erkältungen eingesetzt. Sie befreit verstopfte Nebenhöhlen und wirkt in Verbindung mit Honig lindernd bei Halsschmerzen.

Anwendung: Verdauung, Übelkeit und Kopfschmerzen, Verschleimung, Verstimmungen, Erschöpfung und Gewichtsreduktion

THYMIAN

Thymian ist ein altbekanntes Kraut gegen Husten, Erkältung und Verschleimung. Er ist reich an ätherischen Ölen, die Pilz- und Virusinfektionen vorbeugen und dadurch die Belastung des Immunsystems verringern. Außerdem enthält er Vitamin C. Wenn sich also eine Erkältung anbahnt, kann Thymian kraftvoll entgegenwirken.

Anwendung: Husten und Halsschmerzen, Verschleimung, Immunsystem und Stress

SALBEI

Der Name leitet sich von dem lateinischen Wort „salvere“ (gesund sein) ab. Zubereitungen aus Salbeiblättern fördern die Verdauung, unterstützen das Gedächtnis und lindern Verstimmungen. Ihre ätherischen Öle verbessern die Klarheit des Geistes und das Gedächtnis.

Anwendung: Hals- und Magenschmerzen, Gedächtnis, Stress und Völlegefühl

OREGANO

Das Kraut galt in der griechischen und römischen Antike als Symbol des Glücks. Später wurde es zur Steigerung des allgemeinen Wohlbefindens und gegen Menstruationsbeschwerden eingesetzt sowie zur Behandlung von Husten, Schnupfen und Verdauungsbeschwerden.

Anwendung: Verdauungsbeschwerden, bakterielle Infektionen, Menstruationsbeschwerden, Erkältung, Grippe

LORBEER

Lorbeerblätter enthalten ein starkes Diuretikum, das die Ausscheidung von Urin fördert und so zur Entgiftung beiträgt. Außerdem wirken sie lindernd bei Magenbeschwerden und Gelenkschmerzen.

Anwendung: Entgiftung, Anti-Age, Gelenkentzündungen, Verdauung, Nervosität und Stress

GEWÜRZE

Das Gewürzbord ist ein Medizinschrank voller aromatischer Heilmittel.

Möglichst ganze Gewürze verwenden. Gemahlene Gewürze sind weniger wirksam, weil die ätherischen Öle während der Lagerung verfliegen. Grundsätzlich sollten Gewürze ebenso behandelt werden wie Kaffeebohnen.

1. Hitze – Ganze Gewürze kurz vor der Verwendung ohne Fett in einer Pfanne rösten, bis sie duften. Dadurch werden die ätherischen Öle und somit die Heilwirkung aktiviert.

2. Mahlen – Frisch gemahlene Gewürze geben ihre ätherischen Öle willig frei und haben eine kürzere Ziehzeit.

3. Fette – Aromatische Verbindungen geben Gewürzen ihren köstlichen Geschmack. Um ihnen möglichst viele Aromen zu entlocken, müssen Fett oder Vollmilch hinzukommen. Gewürze darum lieber nicht mit Magermilch zubereiten oder wenigstens zum Ausgleich etwas Kokosöl zufügen.

Tipp Der Geschmack bestimmt die Dosierung. Von sehr herben, scharfen oder intensiven Gewürzen wie Nelken oder Muskatnuss braucht man nicht viel.

SCHWARZER PFEFFER

Im Ayurveda gilt, dass die Schärfe des schwarzen Pfeffers die Verdauung von Speisen unterstützt. Außerdem wirkt er wärmend und löst Verschleimungen der Atemwege. Er kann bei Magenbeschwerden, vereiterten Nebenhöhlen, Fieber, Darmträgheit, Übergewicht und zur Entgiftung eingesetzt werden.

Anwendung: Verdauung, Verschleimung, Erkältung, Grippe und Gewichtsreduktion

ZIMT

Dieses antibakterielle Gewürz hat wohl jeder im Schrank. Zimt erhöht die Vitalität, wirkt wärmend und schleimlösend, stärkt die Verdauung, lindert Menstruationsbeschwerden und kurbelt den Kreislauf an. Am besten Ceylon-Zimt *(Cinnamomum verum)* kaufen, der auch als Echter Zimt bekannt ist. Zimtkassie *(Cinnamomum cassia)* ist weniger wirksam. Die Rinde einfach in die Zubereitungen reiben.

Anwendung: Durchblutung, Verdauung, Infektionen und Menstruationsbeschwerden

GEWÜRZNELKEN

Die duftenden Blütenknospen eines Baums, der von den Molukken, den sogenannten Gewürzinseln stammt, sind in den meisten Küchen zu finden. Sie wirken antiseptisch, leicht betäubend, entzündungshemmend, wärmend, beruhigend und lindernd bei Völlegefühl und Blähungen.

Anwendung: Verdauung, Blähungen und Völlegefühl

KARDAMOM
Auch dies ist ein Gewürz aus der Verwandtschaft des Ingwers. Kardamom regt die Verdauung an, lindert Magenbeschwerden und Blähungen, wärmt, fördert die Entgiftung und regt die Durchblutung an. Um in den Genuss der Heilwirkung zu kommen, muss man die Kapseln öffnen.

Anwendung: Verdauung, Cholesterin, Verstimmungen und Entzündungen

FENCHELSAMEN
In alten Kulturen wurde Fenchel wegen seines leichten Lakritzgeschmacks und seiner Heilwirkung geschätzt. Vor allem Fenchelsamen haben sich bei Völlegefühl, Blähungen und anderen Verdauungsbeschwerden bewährt. Nach dem Essen kann man einige Samen kauen, um zusätzlich den Atem zu erfrischen.

Anwendung: Verdauung, Völlegefühl nach üppigem Essen

KORIANDERSAMEN
Die angenehm würzigen Samen werden seit Urzeiten zur Behandlung von Verdauungsbeschwerden und Blähungen eingesetzt, aber auch zur Anregung der Verdauung. In der traditionellen chinesischen Medizin und im Ayurveda werden sie oft mit Fenchel und Kardamom kombiniert.

Anwendung: Verdauung und Völlegefühl

KREUZKÜMMEL
Früher war man der Meinung, Kreuzkümmelsamen förderten die Liebe und Treue, darum streute man sie auf Hochzeiten aus. Soldaten gab man einen Laib frisches Brot mit Kreuzkümmelsamen mit auf den Weg an die Front. Kreuzkümmel wird zur Behandlung von Magenbeschwerden und Blähungen eingesetzt.

Anwendung: Völlegefühl und Blähungen

STERNANIS
In der traditionellen chinesischen Medizin wird Sternanis wegen seiner schleimlösenden Wirkung bei Erkältungen eingesetzt. Er wirkt entzündungshemmend und unterstützt die Bekämpfung von Bakterien, Viren und Pilzen. Auch in Erkältungstees ist er oft enthalten. Die Samen kann man vor dem Essen kauen, um den Appetit anzuregen, oder danach, um Blähungen vorzubeugen.

Anwendung: Entzündungen, Erkältung, Grippe

MUSKATNUSS
Muskatnuss hat viele Fähigkeiten. Sie lindert Schmerzen und Magenbeschwerden, stärkt die Gehirnfunktion und das Immunsystem, fördert die Ausscheidung von Giftstoffen, hält die Haut und die Mundschleimhaut gesund, lindert Anspannung und Schlafbeschwerden.

Anwendung: Stress, Nervosität, geistige Gesundheit, Verdauung, Schmerzen

AUS DEM VORRAT

Auch die folgenden Zutaten stehen wahrscheinlich in jedem Vorratsschrank. Alle nützen der Gesundheit.

APFELESSIG

Apfelessig, der aus zerkleinerten, vergorenen Äpfeln hergestellt wird, trägt durch seine basenbildende Wirkung zur Regulierung des pH-Werts bei. Besonders wertvoll ist unpasteurisierter Apfelessig, weil er neben gesunder Säure auch Kalium, Magnesium, probiotische Stoffe und Enzyme enthält. Als „Essigmutter" bezeichnet man die Bakterienkultur, die den Apfelmost in Apfelessig verwandelt. Sie hat Ähnlichkeit mit dem Kombucha-Pilz (siehe Seite 118).

APFELESSIGBITTER

Gibt Getränken eine zartbittere Note und wirkt stärkend (siehe Seite 110).

KAKAO

Echter Kakao besteht aus roh fermentierten Kakaobohnen – und sonst nichts. Ob Pulver oder Nibs (Kakaosplitter): Er regt die Ausschüttung von Endorphinen an, spendet Energie und versorgt den Körper mit Magnesium, das entspannend wirkt. Man kann diese „Droge" essen, trinken und sogar schnupfen. Die Maya haben Kakao möglicherweise genutzt, um ihre Sinne zu schärfen, wenn sie mit den Göttern in Kontakt treten wollten.

CHILI – FRISCH ODER GETROCKNET

Capsaicin heißt der Stoff, dem Cayennepfeffer (Chilipulver) seine Schärfe verdankt. Er regt die Durchblutung an, macht die Nase frei und löst Schleim. Frische Chilis enthalten mehr Vitamin C als Orangen.

KOKOSÖL

In tropischen Ländern wird die Kokospalme auch „Baum des Lebens" genannt, weil alle ihre pflanzlichen Teile für traditionelle Lebens- und Heilmittel Verwendung finden können. Kokosöl, -milch, -creme und -wasser unterstützen die Bekämpfung von Bakterien, Viren und Pilzen sowie von Darmparasiten, die Verdauungsprobleme verursachen können. Zudem stärken sie das Immunsystem. Die enthaltenen Fette fördern die Aufnahme anderer Nährstoffe, regen den Stoffwechsel an und erleichtern das Abnehmen. Unbedingt unraffiniertes Kokosöl in Bioqualität kaufen.

FERMENTIERTER HONIG

Wertvoll wie Honig, nur besser (siehe Seite 144). Fermentierter Honig enthält nützliche Hefen und Bakterien. Er stärkt das Immunsystem und fördert die Verdauung.

KNOBLAUCH

Aphrodisiakum, Zahlungsmittel, Nahrung, Medizin und Hilfsmittel zum Vertreiben von Vampiren – Knoblauch hat im Lauf der Jahrtausende viele Verwendungen gefunden. Er enthält Schwefelverbindungen und antibakterielle Stoffe, wirkt entzündungshemmend und kann zur Vorbeugung gegen Erkältungen, Grippe und andere Beschwerden und Krankheiten eingesetzt werden.

GHEE (GEKLÄRTE BUTTER)

Geklärte Butter tut dem Darm gut. Im Ayurveda gehört sie wegen ihrer entzündungshemmenden Wirkung zu den wichtigsten Lebensmitteln für jeden Tag. Je älter sie ist, desto besser soll nach traditioneller Ansicht ihre Heilwirkung sein. Altes Ghee wird oft in Tempeln in großen Fässern aufbewahrt oder in Familien von Generation zu Generation weitergegeben.

ZWIEBEL

Die entzündungshemmende Wirkung von Zwiebeln ist schon seit Jahrhunderten bekannt. Tatsächlich sind Zwiebeln eine der gesündesten Gemüsesorten. Sie sind ein natürliches Antihistamin, außerdem reich an Vitamin C, Schwefelverbindungen, Flavonoiden und anderen sekundären Pflanzenstoffen, die Halsschmerzen und Schnupfenbeschwerden zuverlässig lindern. Eine Zwiebel am Tag genügt!

SCOBY

Die Abkürzung steht für „Symbiotic Culture of Bacteria and Yeast“, kurz Kombucha-Pilz oder Teepilz, eine Hefe-Bakterien-Kultur, die süßen Tee in perlenden Kombucha verwandelt (siehe Seite 118).

TAMARINDENMARK

Erfrischend säuerliche Tamarinde wird traditionell bei Magen- und Verdauungsbeschwerden, Fieber, Halsschmerzen, Rheumatismus, Entzündungen und Sonnenstich empfohlen. Blöcke oder Platten aus geschmeidigem Tamarindenmark lassen sich am besten verarbeiten. Das Mark ist leicht fermentiert und darum lange haltbar. Unbedingt ungesalzenes Tamarindenmark verwenden. Erhältlich ist es in asiatischen Lebensmittelgeschäften und gut sortierten Supermärkten. Tamarindenpaste sollten sie lieber nicht verwenden. Dies ist ein verarbeitetes Produkt, das meist Konservierungsstoffe enthält und weder so gut schmeckt noch wirkt wie reines Mark.

Alternativ Tamarindenschoten kaufen, schälen und die Samen zu einer Kugel oder einem Block zusammenpressen, dann einige Tage bei Zimmertemperatur ruhen lassen, bis das Ganze durch die Fermentierung sehr säuerlich schmeckt.

KURKUMASTARTER

Zur Zubereitung von Kurkuma-Limetten-Drink (siehe Seite 106). Ein säuerliches, probiotisches Produkt aus fermentierter Kurkuma.

UNRAFFINIERTES SALZ

Ideal sind Meersalz, Himalayasalz oder schwarzes Salz.

UNRAFFINIERTER ZUCKER

Aus Pflanzen und Blüten gewonnene Produkte enthalten mehr Mineralien und Vitamine als weißer Haushaltszucker.

Kokosblütenzucker/Palmzucker Der eingedickte Nektar der Kokosblüten.

Honig Wird von Bienen aus Blütennektar produziert.

Jaggery Unraffinierter Rohrzucker, der in ganz Süd- und Südostasien verwendet wird.

Ahornsirup Der süßliche, eingedickte Saft von Ahornbäumen.

KURKUMA-TAMARINDEN-TONIC

JAMU KUNYIT ASAM

KURKUMA-TAMARINDEN-TONIC

Dies ist das bekannteste Tonic aus dem Repertoire des Jamu, der traditionellen indonesischen Heilkunde. Es wird von Indonesiern aller Altersgruppen wegen seiner reinigenden, heilenden und verschönernden Wirkung getrunken. Meist wird es zu Hause nach einem gut gehüteten Familienrezept zubereitet, das von Generation zu Generation weitergegeben wird, und gelegentlich auch an Nachbarn oder Freunde. Dieses Rezept habe ich in Ubud von der Jamu Gendong (wörtlich Jamu-Trägerin) bekommen. Es hat mir den Anstoß gegeben, mich eingehender mit Tonics zu beschäftigen. Ich hoffe, ich kann viele mit meiner Begeisterung anstecken.

Kurkuma unterstützt die Leber bei der Entgiftung und wirkt deshalb blutreinigend, entzündungshemmend und gerinnungshemmend. Tamarinde kühlt, ist reich an Antioxidantien, regt den Stoffwechsel an, hemmt den Appetit und senkt den Blutzuckerspiegel. Galgant ist ein Ingwergewächs. Er wirkt wärmend und verdauungsfördernd.

(Rezept auf der nächsten Seite)

Jamu heißt die 5000 Jahre alte Naturheilkunde in Indonesien. Sie ähnelt dem Ayurveda, der traditionellen Heilkunde Indiens, setzt aber auf die Wirkung einheimischer, also indonesischer Wurzeln, Kräuter, Gewürze und Rinden, um Beschwerden aller Art zu lindern.

Fortsetzung von Seite 41

ZUTATEN

Ergibt 2 Liter
Fertig in 2 Stunden

160 g frische Kurkumawurzel, ungeschält

40 g frische Ingwerwurzel, ungeschält

80 g Tamarindenmark ohne Kerne

80 g Kokosblütennektar

frisch gemahlener schwarzer Pfeffer

1 Prise Meersalz

2 Liter gefiltertes Wasser

ZUBEHÖR

Edelstahlkochtopf (mindestens 2,5 l)

Mixer

Gummihandschuhe (sehr empfehlenswert!)

feines Edelstahlsieb

großer Messbecher aus Glas

sterilisierte Glasflaschen (siehe Seite 19)

ZUBEREITUNG

Zuerst Kurkuma, Ingwer und Galgant (falls verwendet) säubern, weil die Wurzeln nicht geschält werden. Dafür alle Knollen 2 Minuten in Wasser legen, um Staub aus feinsten Falten zu lösen. Dann kräftig abbürsten, abspülen und beiseitestellen.

Das Tamarindenmark in sehr kleine Stücke brechen und in den großen Topf geben. Kokosblütennektar, Pfeffer, Salz und 500 ml Wasser zugeben. Bei hoher Temperatur zum Kochen bringen, dann bei mittlerer bis niedriger Temperatur 20 Minuten simmern, bis das Tamarindenmark zerfallen ist. Nicht sprudelnd kochen.

Inzwischen Kurkuma, Ingwer und Galgant (falls verwendet) in kleine Stücke schneiden. Im Mixer mit 500 ml Wasser pürieren. Falls nötig, etwas mehr Wasser zugeben.

Wenn die Tamarindenmischung fertig ist, das Wurzelpüree und das restliche Wasser zugeben. Das Pandandusblatt (falls verwendet) einmal knoten, in die Mischung geben und untertauchen. 30 Minuten auf niedriger Stufe köcheln, dabei gelegentlich umrühren.

Die Mischung durch ein feines Sieb in einen Messbecher gießen. Sofort servieren oder in sterilisierte Glasflaschen füllen. Fest verschlossen können die Flaschen im Kühlschrank bis zu drei Wochen aufbewahrt werden.

Heiß oder kalt genießen, am besten morgens auf nüchternen Magen.

EXTRAS NACH GESCHMACK *20 g frischer Galgant; ein frisches Pandandusblatt (beides in asiatischen Supermärkten erhältlich)*

rechts: Tamarinden mit Schale

PREMIUM
Rada
SPECIAL

LIEBES-
TRANK

Seite 48

Kapitel 1

STRESS?

RUNTERKOMMEN. ABSCHALTEN. TONIC BRAUEN

GLÜCKS-
TONIC

Seite 51

Es kann wunderbar beruhigend sein, in der Küche zu hantieren.

Stress belastet Körper und Geist. Es kann aber Jahre dauern, bis sich das durch Beschwerden äußert. Stress wirkt sich auf alle Körpersysteme aus, auch auf die Drüsen, die den Hormonhaushalt steuern. Er lässt die Haut schneller altern, stört das Immunsystem und die Verdauung – und er ist ein Energieräuber.

Stress kann die Artenvielfalt der Bakterien im Darm reduzieren. Je weniger Bakterienarten vorhanden sind, desto größer wird die Anfälligkeit für Krankheiten und Lebensmittelallergien oder andere Unverträglichkeiten.

Auch wer grundsätzlich sehr gesund lebt, wird sich nie wirklich wohl fühlen, wenn er nicht auch den Stress im Griff hat. Gutes Stressmanagement verbessert nicht nur Stimmung, Haut, Haare, Figur und Energie, sondern zögert auch vorzeitige Alterungserscheinungen hinaus. Schon die Zubereitung von Tonics ist meditativ und kreativ, und zur Belohnung gibt es ein gesundes, stärkendes Getränk.

In diesem Kapitel geht es um das allgemeine Wohlbefinden und um Schönheit: dieses Strahlen von innen heraus, das sich einstellt, wenn man gesund, glücklich und kreativ ist, und wenn der Hormonhaushalt ausgeglichen ist.

ARROZ CON LECHE

Seite 52

SCHLAF-TONIC

Seite 55

CHILL OUT TONIC

Seite 56

LIEBES-TRANK

Kakao macht glücklich. Kakaobohnen enthalten natürliche Stoffe, die im Gehirn die Ausschüttung von Neurotransmittern anregen. Diese Stoffe wirken sich positiv auf unsere Emotionen aus. Einer davon ist Phenylethylamin, die „Liebesdroge". Sie löst einen Erregungszustand aus, beschleunigt den Puls – wie es bei Verliebten typisch ist. Ein zweiter Neurotransmitter, Serotonin, wirkt stimmungsaufhellend.

Dieser heiße Kakao bekommt durch wärmende Gewürze, die den Stoffwechsel anregen und das Immunsystem stärken, einen zusätzlichen Kick. Cayennepfeffer und Zimt verstärken die heilende und aufheiternde Wirkung und regulieren den Blutzuckerspiegel.

ZUTATEN

Ergibt 2 Portionen
Fertig in 10 Minuten

230 ml Kokosmilch

230 ml frisch abgekochtes Wasser

4 EL Kakaopulver

1 Riegel Zartbitterschokolade

1 TL gemahlener Zimt

¼ TL Cayennepfeffer

¼ TL rosa Himalayasalz

¼ TL gemahlene Kurkuma

Kokosblütenzucker oder Honig, nach Geschmack

ZUBEREITUNG

Alle Zutaten (außer dem Süßungsmittel) in einem großen Topf bei niedriger Temperatur gerade eben zum Kochen bringen. 2–3 Minuten köcheln, dabei ständig rühren, bis sich alle Zutaten gut verbunden haben. Vom Herd nehmen, nach Geschmack süßen und in zwei Becher füllen. Servieren.

Genuss für zwei

GLÜCKS-
TONIC

Wer Schokolade mag, dem schmeckt bestimmt auch diese Variante mit Minze. Köstlich zu jeder Tageszeit und ein zuverlässiger Stimmungsaufheller ...

Minze ist seit Jahrhunderten als Heilkraut bekannt. Sie fördert die Verdauung, hilft bei der Gewichtsreduktion, lindert Kopfschmerzen und Übelkeit. Außerdem wirkt sie anregend – dafür genügt manchmal schon der Geruch. Bei Kraftlosigkeit, Nervosität oder einem Stimmungstief ist dieses entspannende Getränk einen Versuch wert.

Heiße Schokolade mit frischer Minze

ZUTATEN

Ergibt 2 Portionen
Fertig in 30 Minuten

230 ml Kokosmilch

2–3 Stängel frische Minze

230 ml frisch abgekochtes Wasser

4 EL Kakaopulver oder 1 Riegel Zartbitterschokolade

2 EL Kakaonibs

1 TL gemahlener Zimt

¼ TL Cayennepfeffer

¼ TL rosa Himalayasalz

¼ TL gemahlene Kurkuma

Kokosblütenzucker oder Honig, nach Geschmack

ZUBEREITUNG

Die Kokosmilch in einem kleinen Topf bei mittlerer Temperatur bis kurz unter den Siedepunkt erhitzen. Die Minze leicht zerdrücken und zugeben. Bei sehr niedriger Temperatur 15 Minuten ziehen lassen, dann vom Herd nehmen und abkühlen lassen.

Nach dem Abkühlen die übrigen Zutaten (mit Ausnahme des Süßungsmittels) in den Topf geben. Bei niedriger Temperatur gerade eben zum Kochen bringen und kräftig durchrühren. 2–3 Minuten köcheln, dann vom Herd nehmen. Nach Geschmack süßen, in zwei Becher gießen und servieren.

ARROZ CON LECHE

In Mexiko heißt dieses traditionelle Getränk auch „horchata“. Es ist angenehm sämig und erinnert an den Milchreis oder „arroz con leche“ meiner Kindheit. Im Sommer gekühlt auf zerstoßenen Eiswürfeln probieren.

Dieser verführerische Drink wird aus Reis, Mandeln und Kokosmilch zubereitet und mit Zimt und Gewürznelken aromatisiert. Kuhmilch enthält er nicht.

Stärkehaltiges Reiswasser ist in Indonesien ein traditioneller Heiltrank, der Energie spendet, die Verdauung anregt, den Blutzuckerspiegel reguliert, die Alterung bremst und den Körper mit vielen Vitaminen versorgt. Auf Java fangen die Frauen sogar Kochwasser vom Reis auf, um es als Gesichtstonikum zu verwenden.

Würzige Reismilch

ZUTATEN

Ergibt 4 große Portionen
Fertig in 14 Stunden

200 g Langkornreis

100 g gemahlene Mandeln

4 Zimtstangen oder
2 TL gemahlener Zimt

4 ganze Gewürznelken oder
1 Messerspitze gemahlene Gewürznelken

850 ml Wasser

330 ml Kokosmilch, nach Geschmack

Kokosblütennektar, nach Geschmack

ZUBEREITUNG

Am Vorabend den Reis in einer großen Pfanne bei mittlerer Temperatur unter ständigem Rühren rösten, bis er duftet und goldbraun ist; das kann 25 Minuten dauern. Vom Herd nehmen und den Reis vollständig abkühlen lassen.

Den abgekühlten Reis unter kaltem Wasser abspülen, abtropfen lassen und in eine große Schüssel geben. Mandeln, Zimt, Gewürznelken und Wasser zugeben. Abdecken und über Nacht stehen lassen.

Am nächsten Tag die Mischung in einen Mixer geben und zwei- bis dreimal mit der Pulse-Funktion mixen, um die Reiskörner etwas zu zerkleinern. Sie sollen nicht püriert werden.

Durch ein feines Sieb oder ein Passiertuch gießen – bei Bedarf auch mehrmals. Fertig ist eine einfache Reismilch.

Kokosmilch und Kokosblütennektar nach Geschmack zugeben und gründlich verrühren. Bis zum Servieren in den Kühlschrank stellen.

SCHLAF-*TONIC*

Auch hierfür stand ein Rezept aus meiner Kindheit Pate: *Anijsmelk* (Milch mit Anis), ein Klassiker aus den Niederlanden. Die Wärme der Milch und die milden Aromen von Anis, Honig und Sesam beruhigen Magen und Geist.

Heiße Milch hat als Schlummertrunk in ganz Europa und ebenso im Ayurveda eine lange Tradition. Inzwischen weiß man, dass es die bioaktiven Peptide der Milch sind, die den Schlaf fördern. Wer keine Kuhmilch verträgt, kann ein Alternativprodukt verwenden. Ich möchte aber nicht versprechen, dass es ebenso zuverlässig wirkt.

Milch und Honig

ZUTATEN

Ergibt 1 Portion
Fertig in 10 Minuten

1 EL Anissamen

1 EL schwarzer Sesam

250 ml frische Biovollmilch

Honig oder fermentierter Honig (siehe Seite 144), nach Geschmack

ZUBEREITUNG

Zuerst Anis und schwarzen Sesam mit etwas Milch in einem Mixer zu einer Paste verarbeiten. Geht auch mit einem Mörser.

Milch und Gewürzpaste in einem Topf bei mittlerer Temperatur erhitzen. Honig nach Geschmack unterrühren. Vor dem Servieren durch ein feines Sieb gießen.

CHILL OUT-TONIC

Diese köstliche Milch aus Erdnüssen ist eine wunderbare Alternative für alle, die keine Kuhmilch vertragen.

Erdnüsse sind streng genommen gar keine Nüsse. Sie gehören zur Familie der Hülsenfrüchte, sind also mit Erbsen und Bohnen verwandt. (Gut, dass wir das geklärt haben.) Außerdem tun Erdnüsse richtig gut. Sie enthalten Stoffe, die Neurotransmitter im Gehirn aktivieren und ausgleichend auf die Stimmung wirken. Darum ist dieser Erdnussdrink besonders empfehlenswert, wenn Nervosität das Abschalten schwer macht.

Drink aus gerösteten Erdnüssen

ZUTATEN

Ergibt 1 große Portion
Fertig in 14 Stunden

135 g Erdnüsse mit Schale

1 Prise Meersalz

1 EL Kokosblütennektar, nach Geschmack

350 ml gefiltertes Wasser

ZUBEREITUNG

Am Vorabend die Erdnüsse auf einem Backblech ausbreiten und im Backofen bei 180 °C 20–25 Minuten hell goldbraun rösten. Aus dem Ofen nehmen, wenn sie sich zu färben beginnen: Die Kerne garen beim Abkühlen noch nach. Die Erdnüsse schälen und über Nacht in normalem Wasser einweichen.

Am nächsten Tag die Erdnüsse abgießen und gut abspülen. Mit Salz und Kokosblütennektar in einen leistungsstarken Mixer geben. Das gefilterte Wasser zufügen und die Mischung glatt pürieren.

Einen Nussmilchbeutel über eine Schüssel hängen (alternativ mit einem Passiertuch auspressen) und die Mischung einfüllen. Sehr sorgfältig ausdrücken. Die Nussmilch in ein Aufbewahrungsgefäß füllen. Sie hält sich im Kühlschrank drei Tage.

ROOIBOS-ZIMT-TONIC

Seite 62

M&S

Seite 65

Kapitel 2

MÜDE?

WIE WÄRE ES MIT EINEM TONIC, DAS WACH MACHT, OHNE ZU BELASTEN?

COLD BREW SELBST GEMACHT

Seite 68

Gegen Tee und Kaffee ist nichts einzuwenden. Es spricht sogar einiges für die Getränke aus den magischen Blättern oder Bohnen, denn sie spenden Energie und sind sogar gesund.

Es gibt aber Momente, in denen Espresso oder Milchkaffee einfach nicht das Richtige sind, weil sie nervös und unruhig machen oder abends das Einschlafen erschweren. Immerhin ist Koffein ein Stimulans. Es vertreibt Müdigkeit, aber nur kurzfristig, und auf lange Sicht wird die Müdigkeit nur noch größer. Das kostet Kraft und kann auf Dauer krank machen.

Darum lohnt es sich, den Koffeinkonsum zu reduzieren oder neue Zubereitungsformen auszuprobieren, die den Organismus weniger belasten. Klar, alte Gewohnheiten ändert man nicht so leicht. Da hilft es, wenn man ein paar überzeugende Rezepte zur Hand hat, die durchwärmen, erfrischen und Energie spenden.

Hier kommen meine Lieblingszubereitungen: einige mit wenig Koffein, einige sogar ganz ohne.

PROBIO-KAFFEE

Seite 71

CHAI-KURKUMA-TONIC

Seite 72

KRÄUTER-CHAI-TONIC

Seite 73

TEE-SCHWIPS

Seite 76

ROOIBOS-ZIMT-TONIC

Rooibos-Latte ist mit seinem angenehm nussigen Geschmack eine gute und vor allem koffeinfreie Alternative zu Kaffee.

Dieser rötliche Tee steckt voller Antioxidantien. Er wirkt entzündungshemmend und antimykotisch, lindert nervöse Anspannung, Kopfschmerzen, Hautprobleme und Verdauungsbeschwerden. Außerdem stärkt er das Immunsystem.

Rooibos ist ein Strauch, der nur in den Bergregionen um Kapstadt wächst. In Südafrika wird er seit Jahrhunderten wegen seiner Heilwirkung geschätzt.

Natürlich koffeinfrei

ZUTATEN

Ergibt 4 Portionen
Fertig in 15 Minuten

5 TL Rooibosblätter

½ Zimtstange

200 ml frisch abgekochtes Wasser

800 ml Milch oder Milchersatzdrink

1 TL Honig oder Kokosblütenzucker

ZUBEREITUNG

Rooibosblätter und Zimt mit heißem Wasser übergießen und 10 Minuten ziehen lassen. Der Tee soll recht kräftig sein.

Inzwischen die Milch in einem Topf bei niedriger Temperatur erhitzen.

Den Tee durch ein Sieb gießen und süßen. In vier Gläser oder Becher füllen und mit der heißen Milch aufgießen. Sofort servieren.

Reste vom Tee (ohne Milch) können bis zu drei Tagen im Kühlschrank aufbewahrt werden.

M&S

Eine Tasse Matcha (gemahlener Grüntee) macht den Geist wach, aber im Gegensatz zu Kaffee nicht nervös. Mit Sojadrink, der in China eine lange Tradition hat, ist er ein großartiger Energiespender.

Matcha entstand in China zur Zeit der Tang-Dynastie (618–907). Ein Mönch namens Eisai brachte die Philosophie des Zen und den Matcha 1191 nach Japan. Er war der erste, der die Teeblätter zu Pulver zerrieb. Eisai trank Matcha, um während seiner stundenlangen Meditationen wach und dennoch entspannt zu bleiben. In der Teezeremonie ist die enge Beziehung von Zen und Matcha noch heute deutlich. Sie soll die Teilnehmer ins Hier und Jetzt bringen, die Schönheit in den einfachen Dingen und das Außergewöhnliche im Gewöhnlichen würdigen.

Matcha mit selbst gemachtem Soja-Mandel-Drink

ZUTATEN

Ergibt etwa 750 ml
Fertig in 11 Stunden

Für den Soja-Mandel-Drink

170 g getrocknete Sojabohnen

6 Mandelkerne

1 l gefiltertes Wasser

Für den Tee

Matcha (1 TL pro Tasse)

Honig oder anderes Süßungsmittel (nach Geschmack)

ZUBEREITUNG

Am Vorabend Sojabohnen und Mandeln mit normalem Wasser übergießen. Mindestens 10 Stunden bei Zimmertemperatur einweichen.

Abgießen, dann die Bohnen und Mandeln in einem Mixer mit dem gefilterten Wasser glatt pürieren.

Die Mischung zweimal durch ein Passiertuch gießen, um alle Faserreste herauszufiltern. Der Drink hält sich einige Tage im Kühlschrank und kann auch eingefroren werden.

Den Soja-Mandel-Drink (Menge nach Bedarf) in einem Topf mit dickem Boden bei niedriger Temperatur 10 Minuten köcheln. Pro Person werden etwa 250 ml benötigt.

Das Teepulver klümpchenfrei mit dem heißen Soja-Mandel-Drink verrühren. Nach Geschmack süßen und servieren.

COLD BREW

SELBST GEMACHT

Cold Brew nennt man Kaffee, der mit kaltem Wasser angesetzt wird. Er schmeckt wunderbar erfrischend, ist aber sehr koffeinhaltig. Dafür enthält er wesentlich weniger Säure als heiß aufgebrühter Kaffee und hat einen milderen Geschmack.

Der Name klingt modern, aber tatsächlich ist die Idee alt. Aus alten Schriften geht hervor, dass man in Japan Kaffee schon vor mindestens 400 Jahren auf diese Weise zubereitet hat.

Auch im traditionellen Jamu wird empfohlen, Kaffee kalt aufzusetzen und über Nacht ziehen zu lassen, um den Magen zu schonen.

Ein Rezept von Luke Suddards, Mitbegründer von Sandows in London

---

ZUTATEN

Ergibt 1 Liter
Fertig in 12–24 Stunden

70 g frisch gemahlener Kaffee (relativ grob)

1 Liter kaltes Wasser

ZUBEREITUNG

Am Vortag frisch gemahlenen Kaffee und Wasser in einem Gefäß gut verrühren. Abgedeckt 12–24 Stunden in den Kühlschrank stellen. Ich lasse meinen Cold Brew meist 16 Stunden ziehen. Probiere aus, wie er am besten schmeckt.

Danach abgießen, möglichst ohne den Kaffeesatz auf dem Boden des Gefäßes aufzuwirbeln. Durch eine Filtertüte gießen. Man kann die Mischung auch in einem Kaffeebereiter ansetzen.

TIPPS

Am besten schmeckt der Cold Brew, wenn der Kaffee unmittelbar vor dem Ansetzen gemahlen wird. Wenn das Leitungswasser sehr kalkhaltig ist, verwendet man besser stilles Mineralwasser. Ich mag am liebsten Kaffee, der nicht zu kräftig geröstet ist. Mit Filtertüten wird der Kaffee besonders klar, aber man kann ihn auch in einem Kaffeebereiter ansetzen.

ZUBEHÖR

Kaffeemühle

großes Gefäß

Kaffeefilter mit Filtertüte oder Kaffeebereiter

VARIATIONEN

Cold Brew mit Kardamom und Vanille
Gib beim Ansetzen 3 Kardamomkapseln und ½ Vanillestange zum Kaffee. 16 Stunden im Kühlschrank ziehen lassen.

Cold Brew mit Tonic Water
Ungewöhnlich, aber lecker! Tonic Water mit Eis in ein Glas geben, ein Stück Orangenschale und einen Schuss Cold Brew dazu. Am Freitagabend darf es außerdem ein Schuss Gin sein.

PROBIO-KAFFEE

Ein Mix aus Kaffee und Kombucha: Das klingt wie ein Paradox, aber diese Mischung schmeckt sagenhaft gut. Probiere es selbst!

Cold Brew mit einem kräftigen Schuss probiotischem Kombucha löscht den Durst, erfrischt und wirkt angenehm belebend.

Eiskalter Kaffee mit säuerlich-prickelnder Note

ZUTATEN

Ergibt 4 Portionen
Fertig in 5 Minuten

1 l Cold Brew (siehe Seite 68)

1 Zitrone, in Scheiben geschnitten

Eiswürfel

1 l Kombucha (siehe Seite 118)

ZUBEREITUNG

Zitronenscheiben in ein Glas geben, dann bis an den Rand Eiswürfel einfüllen. Kombucha bis zur Hälfte dazugießen und mit Cold Brew auffüllen. Umrühren und genießen.

CHAI-KURKUMA-TONIC

Dieser Chai ist eine pikante, belebende Mischung aus heilsamen Gewürzen wie Kurkuma, Ingwer, Gewürznelken, Zimt, Kardamom, Muskat und schwarzem Pfeffer. Natürlich ist Schärfe Geschmackssache, darum ist Experimentieren und das Abwandeln des Mischungsverhältnisses erlaubt.

Das köstliche Gebräu belebt den Körper, beruhigt den Geist, fördert die Verdauung, stärkt das Immunsystem, wirkt entzündungshemmend und steckt voller Antioxidantien gegen freie Radikale.

Chai (Gewürztee) wird in Indien seit Jahrhunderten geschätzt. Früher mischte die Großmutter verschiedene Gewürze und bereitete daraus einen Aufguss zu, wenn ein Familienmitglied krank war. Schwarzer Tee kam erst in jüngerer Vergangenheit hinzu.

ZUTATEN

Ergibt 1 Portion
Fertig in 10 Minuten

2 schwarze Pfefferkörner

2 grüne Kardamomkapseln

1 Gewürznelke

½ Zimtstange

einige Scheiben frische Ingwerwurzel

einige Scheiben frische Kurkumawurzel

120 ml Wasser

1 Beutel schwarzer Tee oder 1 TL lose Teeblätter

120 ml Milch

Süßungsmittel nach Wahl

ZUBEREITUNG

Pfeffer, Kardamom, Gewürznelke und Zimt in einer Pfanne ohne Fett bei mittlerer Temperatur rösten, bis sie duften. Dann im Mörser leicht zerstoßen.

Ingwer und Kurkuma mit etwas Wasser im Mixer zu einer glatten Paste pürieren. Alternativ die Wurzeln reiben oder im Mörser zerdrücken.

Wasser, Ingwer und Kurkuma, Tee und zerkleinerte Gewürze in einem Topf bei mittlerer Temperatur aufkochen, danach bei niedriger Temperatur 5 Minuten schwach köcheln.

Die Milch zugeben. Nach Geschmack süßen. Die Mischung bei mittlerer Temperatur nochmals aufkochen. Vom Herd nehmen, durch ein Sieb gießen und servieren.

Wärmender Tee mit pikanten Gewürzen

KRÄUTER-CHAI-TONIC

Chai mit herbem Zitronengras und erfrischender Minze – dies ist ein Rezept für die Übergangszeit, wenn die Sommerhitze allmählich nachlässt und wir allmählich wieder Lust auf warme Getränke bekommen.

Kräuter können schon durch ihren Duft belebend wirken. Das gilt beispielsweise für Zitronengras und Minze, eine Kombination, die klare Frische ausstrahlt und angenehm belebend wirkt.

Chai mit erfrischendem Zitronengras und Minze

ZUTATEN

Ergibt 1 Portion
Fertig in 10 Minuten

2 schwarze Pfefferkörner

2 grüne Kardamomkapseln

1 Gewürznelke

½ Zimtstange

eine Scheiben frische Ingwerwurzel

5 frische Minzeblätter

1 Stängel Zitronengras

120 ml Wasser

1 Beutel schwarzer Tee oder 1 TL lose Teeblätter

120 ml Milch

Süßungsmittel nach Wahl

ZUBEREITUNG

Wie im Rezept für Chai-Kurkuma-Tonic (siehe linke Seite) zubereiten, aber ohne Kurkumawurzel. Den Ingwer nicht pürieren, sondern nur in Scheiben schneiden.

Die Minzeblätter leicht zerdrücken. Das weiße Ende des Zitronengrasstängels mit der Breitseite eines Küchenbeils oder einem Stößel zerdrücken, dann in dünne Scheiben schneiden.

Minze und Zitronengras mit den Gewürzen und den Teeblättern in einen Topf geben und wie gewohnt köcheln. Vom Herd nehmen und durch ein feines Sieb in einen Becher gießen. Servieren.

TEE-SCHWIPS

Von Tee kann man tatsächlich (auch ohne Alkohol) eine Art Schwips bekommen. In China nennt man das „cha zui". Tee kann leicht euphorisierend wirken, die Konzentration fördern, beruhigen, zufrieden und heiter stimmen. Mir verleiht er manchmal eine geradezu philosophische Gelassenheit. Das stelle ich mir unter Zen vor.

Tee schätze ich wegen seiner Wirkung auf Körper, Geist und Emotionen. Der „Tee-Schwips" entsteht durch das Zusammenwirken von Koffein (Teein) und anderen Inhaltsstoffen, vor allem L-Theanin. Dieser Stoff beruhigt, macht schläfrig und reduziert Anspannung. In Kombination mit Koffein fördert er die Alphawellen im Gehirn, die einen meditativen Zustand hervorrufen, ohne müde zu machen.

Es empfiehlt sich, vor dem Teegenuss etwas zu essen, sonst können Nebenwirkungen wie Zittern, Übelkeit oder Schwindel auftreten, die sich auch einstellen, wenn man zu viel Kaffee trinkt.

Ironischerweise gilt der „Tee-Schwips" in China und Japan als gute Strategie gegen Katerbeschwerden.

Nur sehr hochwertiger Tee kann einen „Tee-Schwips" verursachen.

TEE

Alle Teesorten (echte Tees, also keine Kräuter- oder Gewürzaufgüsse) werden aus den Blättern des Teestrauchs *Camellia sinensis* gewonnen. Sie unterscheiden sich in der Verarbeitung, im Duft und Geschmack sowie in der Wirkung. Tee versorgt den Körper mit Flüssigkeit, fördert die Konzentration und gleicht Stimmungsschwankungen aus. Es empfiehlt sich immer, losen Tee von hoher Qualität zu kaufen.

Schwarz (fermentiert) Dieser Tee besteht aus vollständig fermentierten Blättern. Sie werden frisch geerntet ausgebreitet, dann gerollt, damit die ätherischen Öle freigesetzt werden. Anschließend welken sie und fermentieren mehrere Stunden. Am Ende werden sie einige Minuten lang bei hoher Temperatur getrocknet. So bekommt das Getränk seinen kräftigen Geschmack und die bräunliche Farbe.

Oolong (halb-fermentiert) Oolong (ausgesprochen „wu long") ist chemisch und geschmacklich zwischen schwarzem und grünem Tee einzuordnen. Er wird nach der Ernte leicht gerollt und kurz fermentiert, bis die Blattränder braun werden. Er soll bei der Gewichtsreduktion helfen und wird von passionierten Teetrinkern und Weinliebhabern wegen seines intensiven, komplexen Geschmacks geschätzt. Ein Tee für Kenner!

Grün (geröstet/gedämpft) Grüner Tee wird nur kurz angetrocknet, dann gedämpft oder erhitzt, damit er nicht oxidiert, danach gerollt und getrocknet. Der Aufguss ist reich an Antioxidantien, hat einen milden Geschmack und eine hellgrüne Farbe.

Grüner Tee ist zwar fast überall erhältlich, aber bei der Qualität gibt es enorme Unterschiede. Von billiger Supermarktware darf man normalerweise nicht allzu viel erwarten. Versuche lieber, diese Sorten zu bekommen:

Japanischer Sencha – besonders gut für Kombucha geeignet

Genmaicha – Sencha, gemischt mit geröstetem Reis

Hojicha – gerösteter Sencha

Shincha – meist aus Blättern der ersten Ernte der Saison, vergleichbar mit einem First Flush bei Darjeeling. Er hat einen erfrischenden, belebenden Duft und enthält besonders wenig Koffein.

Matcha (gemahlener Grüntee) Für Matcha werden die ganzen Blätter des Tenchastrauchs, der auf steinigem Boden wächst, pulverisiert. Matcha ist reich an Antioxidantien und enthält die Aminosäure L-Theanin, die auf die Gehirnfunktion wirkt und Entspannung und Wohlbefinden erzeugt.

Weiß (sonnengetrocknet) Selten und köstlich! Die Blätter werden nach der Ernte lediglich in der Sonne getrocknet. Dadurch werden die Antioxidantien besonders gut geschont.

HYDRO-
TONIC

Seite 82

Kapitel 3

KATER?

EIN KAPITEL FÜR TAGE,
AN DENEN MAN SICH GANZ UND
GAR SCHRECKLICH FÜHLT

DIY-
SELTZER

Seite 85

Leider gibt es gegen einen Kater (noch) kein Wundermittel. Der Körper braucht einfach seine Zeit, um den Alkohol abzubauen. Etwas Unterstützung tut ihm aber gut, zum Beispiel mit einem entgiftenden Tonic.

Dieses Kapitel stellt einige ganz einfache Mittel vor, aber auch raffiniertere Rezepte, die gleichzeitig ablenken. Das ist ganz gut, denn ein Kater geht meist mit Schuldgefühlen einher und ist darum kein rein körperliches Problem.

Die Rezepte in diesem Kapitel setzen auf Zutaten, die entgiftend wirken und die Leber bei ihrer Arbeit unterstützen. Sie schmecken aber so gut, dass man sie auch an anderen Tagen trinken kann. Weil Alkohol entwässert, braucht der Körper unbedingt ausreichend Flüssigkeit. Das muss kein klares Wasser sein. Probiere es lieber mit Tonics, die außerdem noch ihre heilende Wirkung entfalten, den Alkoholabbau und die Erholung fördern. Auf Medikamente sollte in dieser Zeit verzichtet werden. Sie können den Magen reizen und, wenn man sie häufiger einnimmt, die Leber belasten.

S.O.S.-SHRUBS

Seite 86

LEBER-TONIC

Seite 90

MEXIKO-MEDIZIN

Seite 93

HYDRO-TONIC

Exotische Frische gegen den Katerdurst! Dieses Tonic spendet Feuchtigkeit, vitalisiert, nährt und hilft dabei, Giftstoffe auszuscheiden.

In Indien gilt Kokoswasser als Geheimtipp gegen Katerbeschwerden. Es ist reich an Elektrolyten und versorgt den Körper mit Mineralien wie Kalium und anderen Salzen. Viel Flüssigkeit ist wichtig, um die beanspruchte Leber zu entlasten und die Haut wieder frisch aussehen zu lassen. Außerdem wirkt das Tonic kühlend und beruhigend bei Anspannung und Nervosität.

Kokoswasser mit Limette, Ingwer und Kardamom

ZUTATEN

Ergibt 1 Portion
Fertig in 5 Minuten

2 frische grüne Kardamomkapseln

1 cm frische Ingwerwurzel

Wasser von 2 frischen, jungen Kokosnüssen

¼ Limette, in Scheiben geschnitten

ZUBEREITUNG

Den Kardamom leicht zerdrücken und in einer Pfanne ohne Fett bei mittlerer Temperatur rösten, bis er duftet.

Kardamom und Ingwer im Mörser zu einer Paste verarbeiten. Mit den anderen Zutaten in einem Glas mischen und gekühlt servieren.

Iss auch das Fleisch der Kokosnuss. Es enthält wertvolle Fette, beugt Heißhungerattacken vor und schmeckt köstlich.

NACH GESCHMACK *einige Tropfen Verdauungsbitter (siehe Seite 110) und eine Sonnenbrille.*

DIY-SELTZER

Wer sich nicht wohl fühlt, wünscht sich schnelle, wirkungsvolle Hilfe. Ist Ingwer im Haus? Eine Zitrone? Fehlen noch Wasser, Salz und gesunde Süße, und alles wird gut.

Alkohol raubt dem Körper Elektrolyte und Mineralien, darum genügt es nicht, einfach viel Wasser zu trinken. Frischer Ingwer und Zitrone neutralisieren überschüssige Magensäure und beruhigen so den gereizten Magen.

Ruckzuck zusammengerührt, und es wirkt!

ZUTATEN

Ergibt 1 Portion
Fertig in 5 Minuten

300 ml Mineralwasser (mit oder ohne Kohlensäure)

Saft von 1 Zitrone oder Limette

1 cm frische Ingwerwurzel, gerieben

½ TL Ahornsirup

1 Prise Meersalz

frisch gemahlener schwarzer Pfeffer, nach Geschmack

ZUBEREITUNG

Alle Zutaten in ein großes Glas geben und rühren, bis Sirup und Salz aufgelöst sind.

Zimmerwarm trinken.

NACH GESCHMACK *einen Spritzer Verdauungsbitter (siehe Seite 110) zugeben.*

S.O.S.-SHRUBS

ZUTATEN

Ergibt ca. 450 ml
Fertig in 2 Tagen

450 g zerkleinertes Obst/Kräuter/Gewürze (75% Obst, 25% Kräuter/Gewürze)

300 g Rohzucker (siehe Tipps)

300 ml Essig (siehe Tipps)

ZUBEREITUNG

Zwei Tage vorher Obst, Kräuter und Gewürze vorbereiten. Von Biozitrusschalen zuerst die Schalen abreiben und mit den Fingern mit dem Zucker vermengen, bis die Mischung duftet. Dann das Obst (je nach Auswahl) schälen, entkernen und hacken und mit dem Zucker weiter verarbeiten. Kräuter und Gewürze leicht zerdrücken und unter das Obst mischen.

Mit einem Geschirrtuch abdecken und 2 Tage bei Zimmertemperatur stehen lassen. Einmal täglich durchrühren.

Nach zwei Tagen die Mischung durch ein Sieb in einen Messbecher passieren. Die Rückstände wegwerfen.

Langsam etwa die gleiche Menge Essig unterrühren. Zwischendurch probieren: Der Shrub soll angenehm sauer schmecken.

In ein sterilisiertes Einmachglas füllen (siehe Seite 19). Der Shrub hält sich im Kühlschrank einige Monate.

Ein Shrub ist ein süßsaurer Sirup. Er besteht aus Obst, das mit Zucker vermengt wird und Saft zieht. Dieser wird durchgesiebt oder passiert und mit Essig gemischt. Fast alle Obstsorten sind geeignet, nimm einfach, was gerade im Haus ist.

Apfelessig reguliert den pH-Wert des Körpers. Außerdem – so paradox das klingen mag – neutralisiert er überschüssige Magensäure. Gelangt Essig in den Magen, provoziert er die Ausschüttung basischer Stoffe. Sehr clever.

Shrubs sind keine neue Erfindung. Sie wurden in England schon im 17. Jahrhundert zubereitet, um Ernteüberschüsse zu verwerten. Sogar die alten Römer mischten Essig, Honig und Kräuter ins Wasser, damit es besser schmeckte. Und Hippokrates, der Urvater der Medizin, verschrieb Apfelessig gegen verschiedenste Beschwerden.

Für einen eher süßlichen Shrub: Obst, Zucker und Essig im Verhältnis 1:1:1.

(Fortsetzung auf der nächsten Seite)

TIPP: OBST

Ich mag Shrubs lieber säuerlich, darum verwende ich etwas weniger Früchte und stattdessen mehr frische Kräuter, Wurzeln und Gewürze.

TIPP: ZUCKER

Natürliche Süßungsmittel wie Honig, Kokosblütennektar, Jaggery oder Ahornsirup sind erlaubt und schmecken jeweils anders.

TIPP: ESSIG

Apfelessig ist gut geeignet, aber auch jeder andere unpasteurisierte Essig.

S.O.S.-SHRUBS

BEWÄHRTE KOMBINATIONEN:

Gurke + Dill + Ahornsirup + Apfelessig

Thai-Basilikum + Limette + Kokosblütennektar + Kokosessig

Ingwer + Shisoblätter + Honig + Apfelessig

Kurkuma + Orange + schwarzer Pfeffer + Honig + Apfelessig

Kirschen + Lorbeerblatt + schwarzer Pfeffer + Ahornsirup + Balsamico

Tomate + Kardamom + Zitrone + Limette + Zitronengras + Kokosblütennektar + Apfelessig

LEBER-TONIC

Die richtigen Kräuter und Gewürze können die Leber bei der Arbeit unterstützen. Vor allem Kurkuma wirkt entgiftend und obendrein entzündungshemmend. Grund genug, das Gewürz öfter auf den Speisezettel zu setzen.

Schnelle Hilfe für die Leber: Tonic mit Kurkuma und Ingwer

ZUTATEN

Ergibt 2 Portionen
Fertig in 5 Minuten

5 Stücke frische Ingwerwurzel, je 5 cm

2 Stücke frische Kurkumawurzel, je 5 cm, oder ½ TL gemahlene Kurkuma

5 gehäufte EL Honig oder fermentierter Honig (siehe Seite 144)

Saft von 1 Limette oder Zitrone

2 TL schwarze Pfefferkörner

600 ml Wasser

ZUBEREITUNG

Alle Zutaten in einem Mixer glatt pürieren. Durch ein feines Sieb in einen großen Krug gießen.

Nach Geschmack einen Schuss Bitter unterrühren und mit Minzeblättern garnieren.

NACH GESCHMACK *1 Spritzer selbst gemachter Verdauungsbitter (siehe Seite 110) zugeben. Mit frischen Minzeblätter garnieren.*

MEXIKO-MEDIZIN

Tepache wird aus dem hartfaserigen Inneren und der Schale von Ananas hergestellt. Man setzt die „Abfälle" mit Wasser, Gewürzen und Rohzucker an, bis sie zu gären beginnen. So entsteht ein perlendes Getränk mit tollem Ananasgeschmack: erfrischend, würzig und schwach alkoholisch. Es wirkt lindernd bei Katerbeschwerden, außerdem entzündungshemmend und enthält natürliche probiotische Stoffe, die dem Darm guttun. Seit präkolumbianischer Zeit wird Tepache in Mexiko auf der Straße verkauft.

Das Fruchtfleisch der Ananas kann ganz normal gegessen werden. Für dieses Tonic braucht man nur die „Abfälle".

Tepache aus Ananas

ZUTATEN

Ergibt 2 Liter
Fertig in ca. 5 Tagen

5 Gewürznelken

3 cm frische Ingwerwurzel, zerdrückt

5 Pimentkörner (nach Geschmack)

2 Zimtstangen, in kleine Stücke gebrochen

1 reife Ananas

2 l gefiltertes Wasser

70 g Rapadura-Zucker oder Rohrohrzucker

Limettenscheibe, Meersalz, Cayennepfeffer, nach Geschmack

ZUBEREITUNG

Die Gewürze ohne Fett in einer Pfanne bei mittlerer Temperatur rösten, bis sie duften.

Die abgespülten Ananasreste (Schale, Inneres und Blätter) mit den Gewürzen und Ingwer in ein großes Glasgefäß (3 Liter) geben. Das Wasser zugießen.

Das Gefäß mit einem sauberen Tuch abdecken oder einen Deckel schräg auflegen. 2–3 Tage an einem warmen Platz stehen lassen. Die Gärung hängt von der Temperatur ab. Sie setzt ein, wenn sich Schaum auf der Oberfläche bildet. Den Schaum abschöpfen.

Nach 2–3 Tagen den Zucker zufügen und das Gefäß wieder lose abdecken. Wer es säuerlich mag, nimmt etwas weniger Zucker. Nochmals 2 Tage stehen lassen.

Die Mischung durch ein Sieb gießen, in sterilisierte Flaschen füllen (siehe Seite 19) und in den Kühlschrank stellen. Die Feststoffe wegwerfen. Die Mischung gärt im Kühlschrank weiter, darum ist es wichtig, täglich kurz den Deckel zu öffnen und das Gas entweichen zu lassen.

Kapitel 4

BLÄHBAUCH?

DIE VERDAUUNG FÖRDERN

FEIERTAGS-
TONIC

Seite 115

Wenn der Bauch sich aufgebläht anfühlt, geht es dem Verdauungsapparat nicht gut. Dagegen lässt sich zum Glück etwas tun. Am besten sorgt man vorbeugend dafür, dass die Darmflora im Gleichgewicht ist, denn dann stellt sich das ungute Gefühl gar nicht erst ein.

Der Darm ist mehr als eine Entsorgungseinheit. Er ist wichtig für die Gesamtgesundheit, denn er hilft dem Körper beim Umgang mit Giftstoffen, Allergenen und Infektionen. Er ist zu 70 Prozent für das Immunsystem verantwortlich. Die zahllosen Bakterien der Darmflora bilden ein komplexes Ökosystem, das durch den regelmäßigen Genuss probiotischer Lebensmittel gepflegt wird. Solche Produkte selbst herzustellen lohnt sich auf jeden Fall.

In diesem Kapitel enthalten die Tonics verdauungsfördernde Kräuter, es gibt aber auch perlende, fermentierte Drinks und Rezepte auf Essigbasis. Für jeden Geschmack ist etwas dabei.

VERDAUUNGS-
BITTER

Seite 110

KOMBUCHA
SELBST
GEMACHT

Seite 117

DETOX-TONIC

Die Zutaten für dieses Rezept sind Klassiker im Ayurveda. Kreuzkümmel, Fenchel und Koriander unterstützen die Entgiftung und die Verdauung, und sie reduzieren Völlegefühl und Blähungen. Außerdem kurbeln sie den Stoffwechsel an und beruhigen den Geist.

Weil das Tonic die Nieren anregt, spült es die Harnwege und beugt Entzündungen vor. Mit seinen milden Bitterstoffen wirkt es blutreinigend.

Ayurveda bedeutet wörtlich „Lehre vom Leben". Diese ganzheitliche Heilmethode und Lebensweise entstand vor über 5000 Jahren in Indien und setzt auf heilende Kräuter und Gewürze, die uns auch heute noch nützen.

Kreuzkümmel, Koriander und Fenchel tun gut.

ZUTATEN

Ergibt 2 Portionen
Fertig in 8 Minuten

500 ml Wasser

¼ TL Kreuzkümmelsamen

¼ TL Koriandersamen

¼ TL Fenchelsamen

ZUBEREITUNG

Das Wasser zum Kochen bringen.

Inzwischen die Gewürze in einer Pfanne ohne Fett bei mittlerer Temperatur rösten, bis sie duften. Die Gewürze in einem Mörser leicht zerstoßen.

Die Gewürze mit dem Wasser übergießen und 5 Minuten ziehen lassen. Durch ein Sieb gießen und servieren.

AFTER-DINNER-TONIC

Kombucha mit Ingwer und verschiedenen Kräutern wie Rosmarin, Salbei und Minze ist eine Wohltat, wenn sich nach einer allzu üppigen Mahlzeit ein unangenehmes Völlegefühl einstellt.

Dieser Drink aus frischen Kräutern und bitteren Gewürzen regt die Ausschüttung von Verdauungssekreten an. Ingwer lindert Übelkeit.

Eine gesunde Alternative zum Digestif

ZUTATEN

3 cm frische Ingwerwurzel

3 Salbeiblätter

1 Stängel Minze

1 Zweig Rosmarin

300 ml Kombucha, gekauft oder selbst gemacht (siehe Seite 118)

1–2 TL Verdauungsbitter (siehe Seite 110)

SCHNELLE ZUBEREITUNG

Ergibt 1 Portion / Fertig in 5 Minuten

Den Ingwer im Mörser zerdrücken, die Kräuter hacken. In ein Glas geben und mischen. Kombucha und Bitter zugeben, umrühren, durch ein Sieb gießen und servieren.

MIT SELBST GEMACHTEM KOMBUCHA

Ergibt 2 Liter / Fertig in 2–3 Wochen

Siehe Seite 118. Bevor die zweite Gärung beginnt, die Geschmackszutaten zufügen: Ingwer in Scheiben und leicht zerdrückte Kräuter in verschließbare Glasflaschen oder ein großes Glasgefäß füllen und mit Kombucha auffüllen. 2–3 Wochen gären lassen.

MAGEN-
TONIC

Ingwer und Tamarinde sind wahre Wundermittel bei Magenverstimmung. Sie besitzen antimykotische und antibakterielle Eigenschaften, die den Verdauungstrakt beruhigen und kühlend wirken.

Tamarinde zählt zu den beliebtesten Würzzutaten in der Küche Südasiens. Sie ist übrigens auch in handelsüblichen Würzsaucen wie Worcestershiresauce und HP-Sauce enthalten. In der traditionellen Heilkunde werden alle Teile der Pflanze verwendet: Früchte, Samen, Blätter, Blüten und Rinde.

ZUTATEN

Ergibt 350 ml
Fertig in 40 Minuten

200 ml Wasser

100 g frische Ingwerwurzel, in dünne Scheiben geschnitten oder geraspelt

200 g Kokosblütennektar

ZUBEREITUNG DES INGWERSIRUPS

Wasser, Ingwer und Kokosblütennektar in einem kleinen Topf bei mittlerer Temperatur zum Kochen bringen. Dann ohne Deckel etwa 30 Minuten zu einem Sirup einkochen.

Den Sirup durch ein feines Sieb gießen. Auf Zimmertemperatur abkühlen lassen und in sterilisierte Flaschen (siehe Seite 19) füllen. Er hält sich im Kühlschrank etwa 2 Wochen.

Eine gesunde Erfrischung mit Tamarinde und scharfem Ingwer aus Thailand

---

ZUTATEN

Ergibt 6 Portionen
Fertig in 30 Minuten

200 g Tamarindenmark (geschmeidiger Block)

1½ Liter gefiltertes Wasser

350 ml Ingwersirup (siehe linke Seite)

1 Prise Meersalz

Eiswürfel zum Servieren

1 l kaltes Mineralwasser mit Kohlensäure

ZUBEREITUNG DES TONICS

Den Tamarindenmarkblock in Stücke brechen und in einen kleinen Topf mit dickem Boden geben. 500 ml gefiltertes Wasser zugeben. Bei mittlerer Temperatur aufkochen. Unter gelegentlichem Rühren 20 Minuten köcheln, bis das Tamarindenmark weich ist. Vom Herd nehmen und 15 Minuten stehen lassen.

Die Flüssigkeit durch ein Sieb in eine Schüssel gießen. Das Mark gut ausdrücken, dann die Rückstände wegwerfen.

Tamarindensaft, Ingwersirup, restliches Wasser und Salz in einem großen Krug verrühren. In den Kühlschrank stellen.

Vor dem Servieren gut durchrühren. Gläser zu zwei Dritteln mit Eiswürfeln füllen. Etwas von dem Tonic zugeben und mit Mineralwasser mit Kohlensäure auffüllen.

KURKUMA-STARTER

Diese Starterkultur mit gesunden Bakterien besteht aus frischer Kurkumawurzel und Zucker. Sie ähnelt dem Starter für Sauerteigbrot oder dem SCOBY für selbst gemachten Kombucha. Pur schmeckt sie nicht sonderlich gut, ist aber eine gute Basis für selbst gemachte Drinks aus Obst oder Wurzeln, etwa „Root Beer“.

Kurkuma steuert den Geschmack bei, und durch die natürliche Gärung entstehen die nützlichen Bakterien. Verwende Biokurkuma. Die Wurzel gut abspülen, aber nicht schälen, denn die Schale enthält wertvolle Hefen und Bakterien.

Selbst gemachte Starterkultur

ZUTATEN

Ergibt 200 ml
Fertig in 3–5 Tagen

200 g frische Kurkumawurzel, ungeschält

3–5 EL Rapadura-Zucker oder Rohrohrzucker

gefiltertes Wasser

ZUBEREITUNG

Die ungeschälte Kurkumawurzel fein hacken oder im Mörser zerdrücken. In ein Glas geben, den Deckel locker auflegen und bei Zimmertemperatur stehen lassen.

1 Esslöffel Kurkumapaste in einem Glasgefäß mit 1 Esslöffel Zucker und 3 Esslöffeln gefiltertem Wasser verrühren. Abgedeckt an einem warmen Platz (ideal sind 22 °C) stehen lassen.

Jeden Tag 1 Esslöffel Kurkumapaste, 1 Esslöffel Zucker und 3 Esslöffel gefiltertes Wasser zugeben und gut verrühren.

Wiederholen, bis die Mischung gärt und Blasen bildet. Das dauert 3–5 Tage. Dann kann sie für Kurkuma-Limetten-Drink (siehe Seite 109) verwendet werden.

KURKUMA-LIMETTEN-DRINK

Dieser natürlich vergorene Drink ist ein Genuss und eine Wohltat! Vanille und Limette geben ihm seinen besonderen Geschmack, außerdem enthält er wertvolle probiotische Stoffe.

Durch die Gärung kann der Körper die Inhaltsstoffe besonders gut aufnehmen. Die dabei entstehenden Bakterien halten die Darmflora gesund. Der Drink prickelt angenehm, ganz ohne zusätzliche Kohlensäure.

Perlendes Tonic mit Kurkuma, Limette und Vanille

ZUTATEN

Ergibt 2 Liter
Fertig in ca. 5 Tagen

750 ml gefiltertes Wasser, plus 800–900 ml zum Auffüllen

½ Vanillestange

3 cm frische Kurkumawurzel, in Scheiben geschnitten

1 TL zerdrückte schwarze Pfefferkörner

170 g Kurkuma-Starter (siehe Seite 106)

170 ml frisch gepresster Limettensaft

50 g Rapadura-Zucker oder Rohrohrzucker

Kurkumabier Für eine leicht alkoholische Version die Zuckermenge verdoppeln

ZUBEREITUNG

Für dieses Rezept braucht man mindestens 170 g Kurkuma-Starter.

Zuerst 750 ml gefiltertes Wasser mit Vanille, Kurkuma und Pfeffer in einem Topf aufkochen, dann bei niedriger Temperatur 10 Minuten köcheln, um den Gewürzen die Aromen zu entlocken.

Die Flüssigkeit ganz abkühlen lassen. Ungesiebt in ein sterilisiertes Einmachglas (siehe Seite 19) gießen. Kurkuma-Starter, Limettensaft und Zucker unterrühren. Mit gefiltertem Wasser bis 5 cm unter den Rand auffüllen.

Mit einem sauberen Tuch abdecken (mit einem Gummiband befestigen) und an einen schattigen Platz stellen. 3 Tage fermentieren lassen, bis die Mischung süßsäuerlich schmeckt.

Durch ein Sieb gießen und in sterilisierte Flaschen (siehe Seite 19) mit Bügelverschluss füllen. An einen schattigen Platz stellen, am besten in einen geschlossenen Karton. Bei der Gärung entsteht Kohlensäure, dabei kann es passieren, dass Flüssigkeit austritt.

Täglich kontrollieren. Wenn die Flüssigkeit perlt (nach ca. 2 Tagen), ist sie trinkfertig. Nun die Flaschen in den Kühlschrank stellen.

VERDAUUNGS-BITTER

Dies ist eine konzentrierte Tinktur aus Apfelessig sowie bitteren Kräutern, Gewürzen, Wurzeln und Schalen.

Bitterstoffe regen die Produktion von Verdauungssäften an, lindern Blähungen, Völlegefühl und Magenverstimmung. Sie dämpfen Heißhunger auf Süßes und regulieren den Appetit.

Um 1824 begann Johann Siegert, ein Arzt in Venezuela, Angosturabitter als Anregungsmittel für Soldaten herzustellen. Selbst die alten Ägypter sollen schon Wein mit Heilkräutern aromatisiert haben. In Europa servierte man früher Bitter zu den Mahlzeiten, um den Magen auf schwere, fette Speisen vorzubereiten.

(Fortsetzung auf der nächsten Seite)

ZUTATEN

Ergibt beliebige Menge
Fertig in 3 Tagen

Hinweis: Die Größe des Glases bestimmt die Zutatenmengen (Verwerte für das Rezept ruhig Restbestände aus der Küche)

50 % bittere Zutaten

50 % aromatische Zutaten

Apfelessig zum Auffüllen

ZUBEREITUNG

Die Zutaten hacken, grob mahlen oder zerstoßen, damit die Oberfläche möglichst groß wird. In ein großes sterilisiertes Glas füllen.

Mit Apfelessig aufgießen. Das Glas verschließen, behutsam schütteln und 3 Wochen bei Zimmertemperatur stehen lassen.

Durch ein Passiertuch gießen und in sterilisierte Flaschen füllen. Der Bitter hält sich etwa 3 Monate.

Ein Schuss Bitter gehört zwingend in viele gute Cocktails.

ZUBEHÖR

sehr großes Schraubglas für den Ansatz, sterilisiert (siehe Seite 19)

Flaschen zur Aufbewahrung, sterilisiert

Passiertuch

BITTERE ZUTATEN

Schalen von Zitrone, Limette, Orange, Grapefruit

Wurzeln von Süßholz, Löwenzahn, Kurkuma, Ingwer

AROMATISCHE ZUTATEN

Gewürze: Piment, Anis, Kümmel, Kardamom, Selleriesamen, Chilis, Zimt, Gewürznelken, Koriandersamen, Fenchel, gemahlener Ingwer, Wacholderbeeren, Muskatnuss, Pfefferkörner, Sternanis, Vanille

Kräuter und Blüten: Kamille, Hibiskus, Hopfen, Lavendel, Zitronengras, Minze, Rose, Rosmarin, Salbei, Thymian

Schalenfrüchte: geröstete Mandeln, Pekan-, Walnüsse

Extras: Kakaobohnen, Kakaonibs, Kaffeebohnen

VERDAUUNGS-*BITTER*

TIPP

Am besten steht immer ein Glas der Mischung in der Küche griffbereit, um nach Bedarf einen kleinen Schuss Bitter in andere Getränke zu geben. Das nutzt der Verdauung und der Gesundheit.

200
MADE IN USA

FEIERTAGS-TONIC

In der Nähe des Londoner Wembley-Stadions liegt ein indisches Restaurant, in dem nur vegetarische Gerichte aus naturbelassenen, unverarbeiteten Zutaten auf der Karte stehen. Nach dem Essen werden traditionelle Mukhwas gereicht. Sie bestehen aus einer Mischung aus Fenchelsamen, Anis, Pfefferminzöl, Sesam, Kokosnuss und manchem mehr, in einer Zuckerhülle. Etwas von dieser Mischung wird nach dem Essen gekaut, um die Verdauung anzuregen. Ein Schluck Wasser dazu verstärkt die Wirkung noch.

Gerade an Feiertagen isst man oft mehr als nötig, weil es so gut schmeckt. Da sind verdauungsfördernde Kräuter und Gewürze ein idealer Abschluss. Fenchel und Pfefferminze regen die Ausschüttung von Verdauungssäften an und erfrischen gleichzeitig den Atem, denn sie bekämpfen Bakterien, die Mundgeruch verursachen können.

ZUTATEN

Ergibt 1 Portion
Fertig in 5 Minuten

1 TL Fenchelsamen

1 EL Honig

3 cm frische Ingwerwurzel

3 cm frische Kurkumawurzel oder ¼ TL gemahlene Kurkuma

1 Stängel Pfefferminze

Saft von 1 Orange

Saft von 1 Limette

240 ml Mineralwasser mit Kohlensäure

1 EL Apfelessig

ZUBEREITUNG

Die Fenchelsamen in einer Pfanne ohne Fett bei mittlerer Temperatur rösten, bis sie duften.

Die abgekühlten Samen im Mörser mit Honig, Ingwer, Kurkuma und Minze zerstoßen, um die ätherischen Öle freizusetzen.

Die Mischung mit den übrigen Zutaten verrühren, durchsieben und servieren.

NACH GESCHMACK *1–2 Teelöffel Verdauungsbitter (siehe Seite 110) zugeben.*

Nach dem Essen ein guter Verdauungstrunk mit Fenchel, Kurkuma und Orange

KOMBUCHA
SELBST GEMACHT

Mein Freund Bertel ist der Kombuchakönig. Sein Rezept passt zu seinem bescheidenen, entspannten Wesen. Es ist ganz einfach und geradezu narrensicher: Ideal für alle, die faul sind oder viel zu tun haben – oder beides.

Kombucha ist fermentierter Tee. Man braucht außer Tee nur Zucker und eine Starterkultur. Der Geschmack liegt irgendwo zwischen Cidre und Sekt, je nachdem, welche Teesorte man als Basis verwendet.

Bei der Fermentierung entstehen Säuren, die den Körper beim Entgiften unterstützen, den pH-Wert des Bluts regulieren und das Immunsystem stärken. Weil Kombucha viele probiotische Mikroorganismen enthält, trägt er zur Gesundheit der Darmflora bei.

Das Getränk, das mit lebenden Hefepilzen und Bakterien natürlich vergoren wird, nützt aber nicht nur der Verdauung. Es kann auch Pilzerkrankungen vorbeugen und ausgleichend auf die Stimmung wirken.

Alte Dokumente belegen, dass Kombucha in China schon um 221 v. Chr. in der Qin-Dynastie bekannt war. Man nannte ihn „Tee der Unsterblichkeit“. Auch in Osteuropa, Russland und Japan wird er seit Jahrhunderten genossen.

(Fortsetzung auf der nächsten Seite)

Rezept für Kombucha von Bertel Haugen

KOMBUCHA SELBST GEMACHT

ZUTATEN

4 gehäufte TL grüner, weißer, Oolong oder schwarzer Tee

3 gehäufte EL Rohrohrzucker

gefiltertes Wasser

Starterkultur (SCOBY = Symbiotic Colony of Bacteria and Yeast) – auch Teepilz genannt. Online, in Bioläden oder von einem Freund

ZUBEHÖR

5-Liter-Gefäß mit Zapfhahn

2-Liter-Gefäß
zum Aufbrühen des Tees

Teebeutel für losen Tee

Passiertuch

Gummiband

luftdicht schließende Glasflaschen zum Aufbewahren (am besten mit Bügelverschluss, siehe Seite 19)

Trichter

kleines Sieb

ZUBEREITUNG

Das Zubehör gründlich mit kochendem Wasser säubern. Kein Spülmittel verwenden: Die Starterkultur verträgt keine Seife.

Den SCOBY in das Gefäß mit 5 Litern Volumen legen.

Tee im Teebeutel und Zucker in das 2-Liter-Gefäß geben. Mit 500 ml kochendem Wasser übergießen und rühren, bis der Zucker aufgelöst ist. 10 Minuten ziehen lassen, dann den Teebeutel entnehmen.

Mit kaltem, gefiltertem Wasser auffüllen, damit die Mischung verdünnt wird und schon etwas abkühlt.

Die Starterkultur in das große Gefäß geben und mit dem lauwarmen Tee übergießen. Vorsichtig mit einem Kochlöffel umrühren. Es macht nichts, wenn die Kultur sinkt oder zerbricht.

Das Gefäß mit Passiertuch abdecken (mit einem Gummiband fixieren), damit keine Insekten oder Staub in die Mischung fallen.

Eine kleine Menge Flüssigkeit zapfen und probieren: Sie schmeckt wie süßer Tee. Jetzt muss die Kultur arbeiten. Dabei werden Tee und Zucker in Kombucha verwandelt, und es entsteht eine neue Kultur, die auf der Flüssigkeit schwimmt. Sie sieht etwas merkwürdig aus, aber das ist in Ordnung. Nur wenn sich Schimmel auf der Kultur bildet, ist etwas schiefgegangen. Dann gieße den kompletten Ansatz weg und beginne von vorn.

Nach einer Woche erneut eine Kostprobe zapfen. Ist sie zu süß, warte noch einige Tage. Schmeckt sie frisch-säuerlich, folgt der zweite Schritt: die Flaschengärung (siehe rechte Seite).

KOMBUCHA AROMATISIEREN

Zuerst die Flaschen sterilisieren (siehe Seite 19).

Obst, Gewürze oder andere Zutaten soweit zerkleinern, dass sie sich in die Flaschen füllen lassen (siehe Seite 120).

In jede Flasche 2–3 cm hoch Geschmackszutaten füllen. Dafür gibt es keine Regeln. Erlaubt ist, was schmeckt.

Das Passiertuch vom Gefäß nehmen und die Flüssigkeit durchrühren. Sie enthält nun zwei Kulturen. Es macht nichts, wenn sie beim Rühren zerbrechen. Durch das Rühren werden die Hefen gleichmäßig verteilt. Das fördert die Kohlensäurebildung.

Den Kombucha mit dem Trichter in die vorbereiteten Flaschen füllen – bis zum Rand, damit sich möglichst wenig Luft in den Flaschen befindet. Die Flaschen fest verschließen.

Tipp: Nach dem Abzapfen muss genug Flüssigkeit im Gefäß bleiben, dass die Kultur überleben kann. Ich zapfe meist 2 Liter ab und fülle das Gefäß dann mit 2 Litern frischem, gesüßtem Tee wieder auf.

Die fest verschlossenen Flaschen mit Aromazutaten und Kombucha bei Zimmertemperatur stehen lassen. Diese Flaschengärung ist ein anaerober Prozess (= ohne Luft). Sie bewirkt die Bildung von Kohlensäure. Die Früchte geben außerdem Farbe an den Kombucha ab.

Frühestens nach einer Woche eine Flasche (nur eine!) zu Prüfzwecken öffnen. Sprudelt die Mischung noch nicht, ist sie noch nicht fertig. Es kann 2–3 Wochen dauern, bis sich Kohlensäure bildet.

Wenn der Kombucha perlt, ist er trinkfertig. Die Flasche(n) in den Kühlschrank stellen und durch ein kleines Sieb in Gläser gießen, um die Frucht- oder Gewürzstücke herauszufiltern.

Die Kombuchakultur kann wochenlang im Tee schwimmen, solange sie gesund ist. Im Gegensatz zu Sauerteig braucht man sie nicht zu „füttern“. Allerdings wird die Flüssigkeit mit der Zeit immer saurer. In dem Fall etwas abzapfen und frischen, gesüßten Tee nachfüllen.

Es dauert eine Weile, bis sich Kohlensäure bildet.

KÖSTLICHE AROMAZUTATEN FÜR KOMBUCHA

Obst:
Himbeeren, Erdbeeren, Kiwis, Orangen, Clementinen, Granatäpfel, Brombeeren, Heidelbeeren, Ananas, Mango, Pfirsiche, Aprikosen, Äpfel, Birnen usw.

Frische Gewürze:
Frische Ingwerwurzel schmeckt herrlich. Frische Kurkumawurzel hat ein angenehm erdiges Aroma und liefert eine tolle Farbe.

Getrocknete Gewürze:
Zimt, Gewürznelken, Muskatnuss, Vanille, Sternanis, Koriandersamen usw.

Frische/getrocknete Kräuter: Rosmarin, Lavendel, Thymian, Minze, Zitronenmelisse

VORBEUGUNGS-TONIC

Seite 126

HUSTEN-SIRUP

Seite 129

GELBES FIEBER-TONIC

Seite 125

Kapitel 5

KRANK?

DAS IMMUNSYSTEM BRAUCHT NACHHILFE, DAMIT ES SICH WEHREN KANN. KRÄUTER, GEWÜRZE, VIEL SCHLAF UND AUSREICHEND FLÜSSIGKEIT SIND DAS BESTE REZEPT.

SCHLUMMER-TRUNK

Seite 130

OMAS TONIC

Seite 134

Dies ist ein Kapitel für Tage, an denen dir Husten und Schnupfen, Kopf- und Gliederschmerzen zu schaffen machen.

Die Rezepte lindern mit ihren entzündungshemmenden Wirkstoffen die Beschwerden und stärken das Immunsystem, damit die Symptome nicht so schnell wiederkehren.

Grund genug, sich in die Küche zu schleppen und ein Tonic zuzubereiten, um schneller gesund zu werden! Eventuell übernimmt das auch der Partner oder ein lieber Freund bzw. eine liebe Freundin.

Mit hausgemachten Tonics erspart man sich den Weg in die Apotheke. Außerdem haben sie keine unerwünschten Nebenwirkungen, weil sie nur natürliche Zutaten enthalten. Köstlich sind sie außerdem!

PIKANTES THAI-TONIC

Seite 135

SCHNUPFEN-TONIC

Seite 139

WINTER-TEE

Seite 140

KURKUMA-PFEFFER-MILCH

Seite 143

FERMENTIERTER HONIG

Seite 144

* Weil ein gesunder Darm für das Immunsystem so wichtig ist, helfen auch die Rezepte im Verdauungskapitel (ab Seite 96).

** Im ersten Kapitel (ab Seite 46) gibt es ebenfalls passende Rezepte, denn Stress und Nervosität schwächen das Immunsystem.

GELBES FIEBER-TONIC

Das herbe Tonic mit Apfelessig, Honig, Ingwer und Zitronengras löscht den Durst und hilft, Erkältungsbeschwerden zu lindern.

Das Rezept geht zurück auf die griechische Antike, denn schon damals bereitete man Heilgetränke aus Essig, Honig und Wasser zu.

Zitronengras besitzt antibakterielle und antimykotische Eigenschaften. Es ist reich an Vitamin C, stärkt das Immunsystem und hilft bei der Infektabwehr. Kein Wunder, dass man es auf Jamaika „Fiebergras" nennt.

Ingwer kann schon in kleinen Mengen Schmerzen und Entzündungen ebensogut lindern wie manche frei verkäufliche Arzneimittel. Probiere es aus, wenn sich einmal Kopfschmerzen ankündigen!

ZUTATEN

Ergibt etwa 2 Liter
Fertig in 40 Minuten

2 Gewürznelken

½ Zimtstange

2 Liter gefiltertes Wasser

200 g frische Ingwerwurzel, ungeschält, abgespült und gewürfelt

3 Stängel Zitronengras, in dünne Scheiben geschnitten

Saft von 2 Zitronen

Apfelessig und Honig, zum Abschmecken

ZUBEREITUNG

Die Gewürze in einem mittelgroßen Topf mit dickem Boden ohne Fett rösten, bis sie duften. Den Zimt leicht zerbröseln. Das Wasser zugeben und alles bei mittlerer bis niedriger Temperatur 15 Minuten köcheln.

Inzwischen Ingwer und Zitronengras mit etwas Wasser im Mixer glatt pürieren.

Den Herd abschalten. Die Ingwer-Zitronengras-Paste in den Topf geben. Den Zitronensaft unterrühren und die Mischung auf Zimmertemperatur abkühlen lassen.

Mit Essig und Honig abschmecken. Das Tonic hält sich im Kühlschrank etwa 20 Tage.

Das Paracetamol der Natur

VORBEUGUNGS-TONIC

Wenn der Winter vor der Tür steht, wird es Zeit für vorbeugende Maßnahmen, selbst wenn man regelmäßig probiotische Produkte konsumiert. Dieses würzige Tonic mit Wurzeln und Gewürzen stärkt die Abwehr. Jeden Morgen einen Esslöffel voll in einem Glas Wasser trinken, das wirkt!

Die Zutaten enthalten wertvolle, gesunde Inhaltsstoffe zum Wohle der Gesundheit. Durch die Gärung werden sie leichter verdaulich und enthalten obendrein probiotische Bakterien, die das Immunsystem stärken.

Der Winter steht vor der Tür

ZUTATEN

Ergibt 8 Portionen
Fertig in 3 Wochen

8 cm frische Kurkumawurzel, ungeschält

18 cm frische Ingwerwurzel, ungeschält

200 g Vogelaugen-Chilis oder Habaneros ohne Stiele

3 Knollen Knoblauch, abgezogen

3 weiße Zwiebeln, abgezogen

1 Prise Meersalz

1 l gefiltertes Wasser

ZUBEHÖR

2-Liter-Glasgefäß

Passiertuch und Gummiband

ZUBEREITUNG

Kurkuma, Ingwer, Chilis und Meerrettich (falls verwendet) gründlich abspülen, aber nicht schälen.

Die Chilis halbieren. Alle übrigen Zutaten in Scheiben schneiden, am besten mit einem Gemüsehobel. Sie können später gegessen werden.

Kurkuma, Knoblauch und Ingwer in das Gefäß geben. Darauf Chilis, Zwiebeln, Kräuter und Zitronenscheiben (falls verwendet) geben, als oberste Schicht den Meerrettich zufügen.

Das Wasser mit Salz verrühren, dann langsam ins Glas gießen, bis die festen Zutaten bedeckt sind. Mit dem Passiertuch abdecken und dieses mit einem Gummiband befestigen.

Die Mischung bei Zimmertemperatur 3 Wochen fermentieren lassen. Den Sud durch ein Sieb in sterilisierte Flaschen (siehe Seite 19) füllen. Die Feststoffe können als Gewürzbeilage gegessen werden.

Das Tonic hält sich im Kühlschrank etwa 3 Monate.

NACH GESCHMACK *200 g Meerrettichwurzel; Zweige von Rosmarin, Thymian oder Oregano; 1 Zitrone*

HUSTEN-SIRUP

Dieser selbst gemachte Sirup lindert Husten und Halsentzündungen. Er wird teelöffelweise eingenommen, bis die Beschwerden abklingen.

Honig und Zitrone sind ein altbewährtes Mittel gegen Halsschmerzen. Heilende Kräuterwirkstoffe befreien die Atemwege und lösen hartnäckigen Schleim aus den Bronchien.

Schnell wieder auf dem Damm

ZUTATEN

Ergibt 360 ml
Fertig in 20 Minuten

180 ml natives Olivenöl extra

3 Zitronen, in Scheiben geschnitten

frische Salbei-, Rosmarin- und Thymianstängel

180 ml Honig oder fermentierter Honig (siehe Seite 144)

ZUBEREITUNG

Öl, Zitronen und Kräuter in einem kleinen Topf bei mittlerer Temperatur sanft erwärmen. Vom Herd nehmen und abkühlen lassen.

Durch ein Sieb gießen, den Honig einrühren und die Mischung in ein sterilisiertes Glas (siehe Seite 19) mit fest schließendem Deckel füllen.

Der Sirup hält sich im Kühlschrank 3 Monate und bei Zimmertemperatur etwa 1½ Monate.

NACH GESCHMACK *3 cm frisch geraspelte Kurkuma- oder Ingwerwurzel mit den Zitronen zugeben*

SCHLUMMER-TRUNK

Dieser Wohlfühl-Gewürztee-Mischung fördert einen guten, tiefen Schlaf und ist gleichzeitig ein selbst gemachter Hustensirup, der Husten und Halsschmerzen lindert.

Viele Küchengewürze fördern den Schlaf. Besonders bewährt haben sich Zimt und Muskatnuss, weil sie Körper und Geist beruhigen. Auch Honig begünstigt tiefen Schlaf, denn er stabilisiert den Blutzuckerspiegel und fördert die Ausschüttung des Hormons Melatonin.

Schlafen wie ein Baby

ZUTATEN

Ergibt 8 Portionen
Fertig in 2–3 Stunden

3 Zimtstangen

1 EL Gewürznelken

½ TL schwarze Pfefferkörner

15 Lorbeerblätter

¼ TL geriebene Muskatnuss

5 cm frische Ingwerwurzel, in dünne Scheiben geschnitten

2 Liter gefiltertes Wasser

1 EL Hustensirup (siehe Seite 129) pro Tasse, alternativ Honig

ZUBEREITUNG

Alle Gewürze und Wasser in einem großen Topf verrühren. Aufkochen, dann bei sehr niedriger Temperatur mit geschlossenem Deckel 2–3 Stunden schwach köcheln.

Durch ein Sieb gießen. In jeden Becher einen Esslöffel Hustensirup oder Honig rühren. Nach Belieben noch einen Schuss Milch zugeben.

NACH GESCHMACK *Milch nach Wahl*

OMAS *TONIC*

Großmütter kennen sich mit Hausmitteln bestens aus – nicht nur bei uns. In Indien stellt man einen traditionellen Tee namens *Kadha* aus Zutaten her, die in den meisten Küchen zu finden sind.

Dies ist ein echter Stärkungstrank, mit dem man sich im Handumdrehen gesünder fühlt.

Chai enthielt ursprünglich keine Teeblätter, sondern nur eine Mischung aus Wurzeln, Rinde, Samen und Gewürzen. Angeblich soll ein indischer Prinz das Rezept erfunden haben, als er auf der Suche nach einem heilenden Elixier war. In der ganzheitlichen Heilkunde des Ayurveda hat es jedenfalls einen festen Platz.

DAS Erkältungsrezept!

ZUTATEN

Ergibt 4-5 Tassen
Fertig in 10 Minuten

2 Gewürznelken

1 Prise frisch gemahlener schwarzer Pfeffer

2 grüne Kardamomkapseln

¼ TL Fenchelsamen

1 l gefiltertes Wasser

1 TL frisch geriebene Ingwerwurzel

5–6 Blätter Basilikum

½ TL Ghee oder Kokosöl

Honig, nach Geschmack

ZUBEREITUNG

Gewürznelken, Pfeffer, Kardamom, Fenchelsamen mit Zimt und Lorbeerblatt (falls verwendet) in einem Topf mit dickem Boden bei mittlerer Temperatur ohne Fett rösten, bis sie duften.

Wasser, Ingwer und Kurkuma (falls verwendet) zugeben und das Ganze zum Kochen bringen. Nach Belieben jetzt Safran zufügen.

Die Temperatur reduzieren, das Basilikum zufügen und die Mischung 5 Minuten köcheln.

Vom Herd nehmen und durch ein Sieb in eine Tasse gießen. Ghee oder Kokosöl sowie Honig nach Geschmack einrühren.

NACH GESCHMACK *1 kleine Zimtstange; 1 Lorbeerblatt; ½ TL gemahlene Kurkuma oder 2½ cm frisch geraspelte Kurkumawurzel; 2-3 Fäden Safran*

PIKANTES THAI-TONIC

Säuerlich-scharfer Kombucha löscht prima den Durst und lindert gleichzeitig Erkältungsbeschwerden. Das Tonic enthält die Aromazutaten der (nicht nur) in Thailand geschätzten traditionellen Tom-Yum-Suppe. Es ist leicht, entschlackt und kräftigt.

Chili und frische Zitrusfrüchte sind reich an Vitamin C. Galgant und Zitronengras befreien die Nebenhöhlen, und die probiotischen Stoffe im Kombucha stärken das Immunsystem.

Thailändische Hausfrauen sind zwar keine Ernährungswissenschaftlerinnen, aber sie haben eine Suppe mit Kräutern und Gewürzen erfunden, die herrlich schmeckt und sehr gesund ist. Inzwischen sind die Wirkweisen der Inhaltsstoffe auch wissenschaftlich nachgewiesen. Grund genug, sich öfter eine Schale Tom-Yum-Suppe zu gönnen.

ZUTATEN

Menge nach Belieben

1 Stängel Zitronengras

3 cm frische Galgantwurzel

½ Limette

1 Kaffirlimettenblatt

½ Zitrone

300 ml Kombucha, gekauft oder selbst gemacht (siehe Seite 118)

½ frischer roter Chili, entkernt und gehackt (nach Geschmack)

SCHNELLE ZUBEREITUNG

Ergibt 1 Portion / Fertig in 5 Minuten

Zitronengras und Galgant im Mörser zerstoßen. In ein Glas geben, mit den anderen Zutaten mischen (Chili nach Geschmack), durch ein Sieb gießen und servieren.

ZUBEREITUNG MIT SELBST GEMACHTEM KOMBUCHA

Ergibt 2 Liter / Fertig in 2–3 Wochen

Siehe Seite 118. Vor der zweiten Gärung die Geschmackszutaten zufügen. Das Zitronengras zerdrücken, den Galgant raspeln, die Kräuter leicht andrücken. Alles in luftdicht schließende, sterilisierte Glasflaschen (siehe Seite 19) füllen und mit Kombucha auffüllen. 2–3 Wochen ruhen lassen.

Tom Yum meets Kombucha

SCHNUPFEN-TONIC

Dieser Drink ist dem britischen Hot Toddy nachempfunden, einem Grog-ähnlichen Heißgetränk. Er erinnert mich an meine Studienzeit in Edinburgh, Schottland. Damals habe ich im Winterhalbjahr Tag und Nacht gefroren, und so manches Mal hat mich ein Hot Toddy gerettet.

Whisky lindert Schnupfenbeschwerden und erleichtert wegen seines Alkoholgehalts das Einschlafen. Eine kleine Menge Alkohol genügt – von einem Rausch ist noch niemand gesund geworden! Das heiße, würzig-säuerliche Getränk verflüssigt hartnäckigen Schleim, sodass sich Bakterien und Viren einfach ausschniefen lassen.

Der Name „Toddy" bezieht sich auf Todd's Well, eine Quelle auf dem Hügel Arthur's Seat mitten in Edinburgh. Ursprünglich haben die Schotten Toddies zubereitet, um dem Whisky die Schärfe zu nehmen. Aber auch, als bereits bessere Destillationsverfahren bekannt waren, haben sie noch gern Toddies genossen, weil sie eben Erkältungsbeschwerden linderten oder ihnen vorbeugten.

ZUTATEN

Ergibt 1 Portion
Fertig in 10 Minuten

250 ml frisch abgekochtes Wasser

1 Zimtstange

2 Gewürznelken

3 cm frische Ingwerwurzel, in Scheiben geschnitten

1 EL Honig oder fermentierter Honig (siehe Seite 144)

1 Zitronenscheibe

2 EL Whisky

ZUBEREITUNG

Alle Zutaten in eine kleine Kanne oder ein Teeglas geben und 5 Minuten ziehen lassen. Danach noch heiß trinken.

Heiltrunk „mit Schuss"

WINTER-TEE

Dies ist ein schnelles Rezept, das hilft, wenn eine Erkältung im Anmarsch ist, oder wenn man sich an einem kalten, windigen Tag, etwa nach einem langen Spaziergang, schön durchwärmen möchte.

Kräutertee tut Körper und Seele gut. Frische Kräuter sind reich an Antioxidantien und helfen, Entzündungen zu bekämpfen. Und sie können noch mehr. Eine Prise Cayennepfeffer beispielsweise genügt, um Schleim zu verflüssigen und die Nase frei zu machen.

Der Legende zufolge wurde Kräutertee vor Jahrtausenden durch Zufall erfunden. Im Jahr 2737 v. Chr. kochte der chinesische Kaiser Shennong Wasser ab, um es zu reinigen, als Blätter von einem Strauch hineingeweht wurden. Weil das Gebräu duftete, probierte der Kaiser einen Schluck. Bis ans Ende seines Lebens soll der Kaiser hunderte von Kräutern probiert und ihre Heilwirkung erforscht haben.

Heilender „Eintopf"

ZUTATEN

Ergibt 1 Tasse
Fertig in 10 Minuten

300 ml Wasser

je ½ Limette und ½ Zitrone

3 cm frische Ingwerwurzel, in Scheiben geschnitten

1 Prise Cayennepfeffer

je 1 frischer Stängel Minze, Thymian und Rosmarin

½ Zimtstange

Honig, nach Geschmack

ZUBEREITUNG

Das Wasser in einem Topf mit dickem Boden zum Kochen bringen.

Zitrone und Limette auspressen. Saft und Schale in den Topf geben.

Die übrigen Zutaten (bis auf den Honig) zufügen und alles bei niedriger Temperatur 5 Minuten köcheln.

Nach Geschmack mit Honig süßen. Durch ein Sieb gießen und servieren.

KURKUMA-PFEFFER-*MILCH*

Pfeffermilch ist ein uraltes Rezept, um das Immunsystem zu stärken und Krankheiten vorzubeugen. Diese „goldene Milch“ mit Pfeffer und Kurkuma stellt jeden Latte in den Schatten.

Schwarzer Pfeffer erleichtert die Aufnahme von Cucurmin. Dieser Inhaltsstoff der Kurkuma wirkt entzündungshemmend, antioxidativ und antimikrobiell. Auch Pfeffer wirkt entzündungshemmend, antioxidativ sowie antibakteriell, außerdem senkt er Fieber und stärkt das Immunsystem.

Dieses Milchmixgetränk (hier mit Kokosmilch) besitzt eine jahrtausendelange Tradition. Im Ayurveda wird Kurkuma-Pfeffer-Milch wegen seiner heilenden und nährenden Wirkung geschätzt. Köstlich ist sie obendrein.

Wenn Ärzte könnten, würden sie diesen Drink verschreiben.

ZUTATEN

Ergibt 1 große Tasse
Fertig in 10 Minuten

1½ TL schwarze Pfefferkörner

250 ml Kokosmilch

100 ml gefiltertes Wasser

1 EL frisch geriebene Kurkumawurzel oder 1 TL gemahlene Kurkuma

1 TL frisch geriebene Ingwerwurzel

2 TL Kokosblütennektar

1 Prise Meersalz

ZUBEREITUNG

Die Pfefferkörner in einer Pfanne ohne Fett rösten, bis sie duften, dann in einem Mörser zerstoßen oder in einer Pfeffermühle mahlen.

Kokosmilch und Wasser in einem kleinen Topf gerade eben zum Kochen bringen. Kurkuma, Ingwer, Kokosblütennektar und Salz einrühren. Weitere 5 Minuten unter gelegentlichem Rühren köcheln.

Die Mischung durch ein feines Sieb gießen, den Pfeffer zufügen und servieren.

FERMENTIERTER HONIG

Honig ist ein Geheimtipplebensmittel für das Immunsystem. Er wirkt antimikrobiell und antibakteriell, lindert Halsschmerzen und hält sich nahezu ewig. Fast jeder hat ihn im Vorratsschrank, und ja, man kann ihn fermentieren.

Honig wird seit Jahrtausenden als Heil- und Nahrungsmittel verwendet. Der griechische Arzt Hippokrates empfahl eine einfache Ernährung. *Oxymel* (Sauerhonig: Essig und Honig) verordnete er gegen Schmerzen, *Hydromel* (Wasser und Honig, fermentiert (= Met) sowie unfermentiert) gegen den Durst, und eine Mischung aus Honig, Wasser und verschiedenen Kräutern gegen Fieber.

Im Osten der Türkei gibt es einen geheimnisvollen, dunklen Honig aus Schlafmohn, der dort *Deli Bal* (verrückter Honig) genannt wird. Schon die alten Griechen und Ägypter wussten, dass die Wirkstoffe des Schlafmohns Schmerzen lindern und den Schlaf fördern. Dieser Honig schmeckt scharf, macht den Mund taub und wirkt leicht halluzinogen. In der Türkei wird er von Kennern dennoch als eine Art Medizin geschätzt.

Unwiderstehlich

ZUTATEN

Wasser (ca. 1 Teil Wasser auf 8 Teile Honig)

Roher, unpasteurisierter Honig (am besten an den Wabenstückchen zu erkennen, direkt vom Imker, oder im Internet bestellen)

ZUBEREITUNG

Den Honig mit etwas Wasser verrühren und mit locker aufgelegtem Deckel bei Zimmertemperatur stehen lassen. Einmal täglich durchrühren.

Nach zwei Wochen bilden sich Blasen und der Honig riecht säuerlich. Er schmeckt süß-säuerlich und hat eine zähe Konsistenz. Ideal zum Süßen der Tonics!

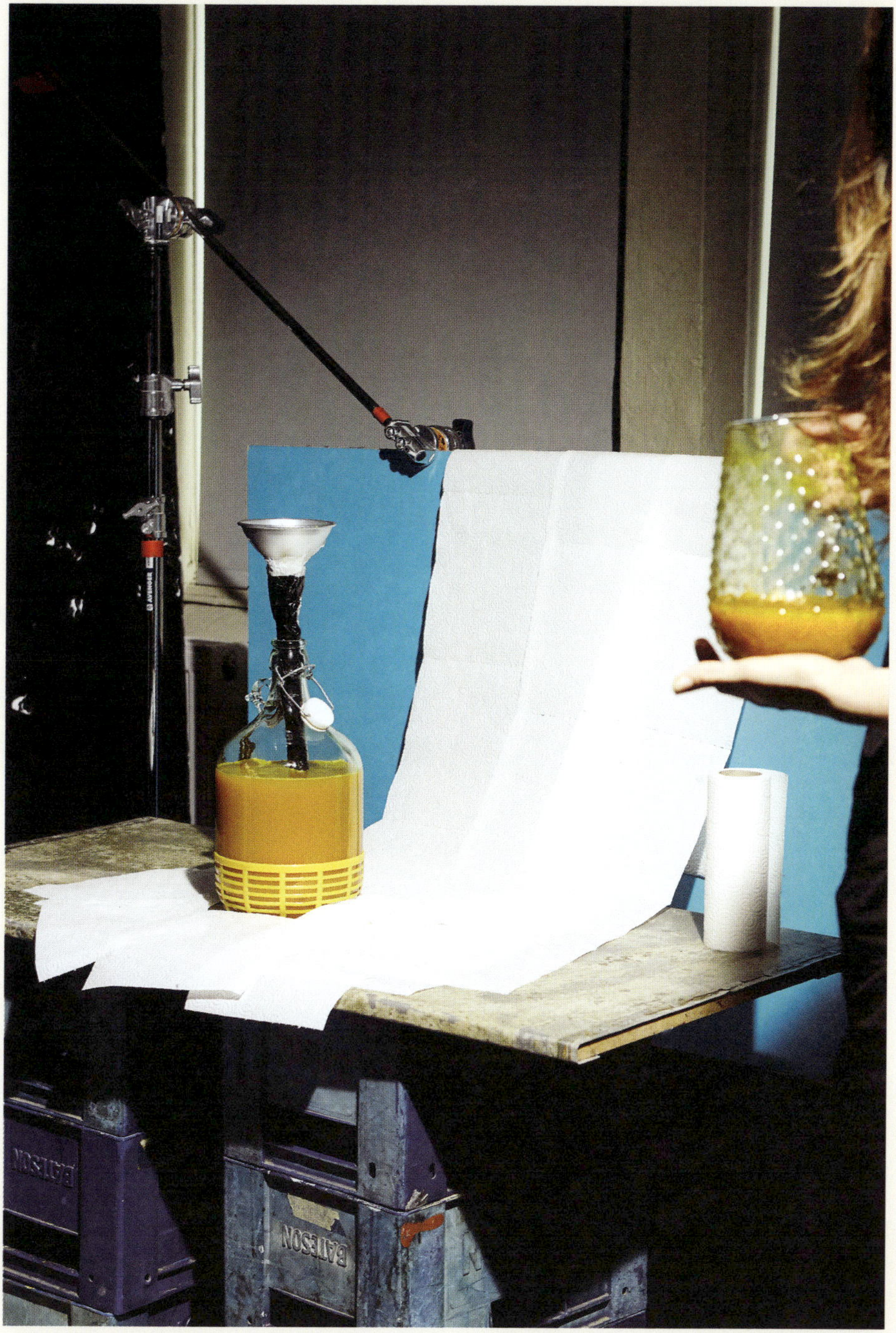

REGISTER NACH ANWENDUNGSBEREICH

FRIEREN

GEWICHTSREDUKTION

HUSTEN

KOPFSCHMERZEN

KUMMER

SCHMERZEN (MUSKELSCHMERZEN, ENTZÜNDUNGEN)

SCHWITZEN

VERDAUUNGS-BESCHWERDEN/ ÜBELKEIT/DURCHFALL

REGISTER

__Fett__ gedruckte Seitenangaben verweisen auf Abbildungen, die nicht unmittelbar beim Rezept stehen.

DANKE SCHÖN!

An alle, die einmal Kurkuma-Tamarinden-Tonic probiert haben.

An Dan Buckley, meinen Freund und Mentor. Danke für alles! Ich freue mich auf neue Abenteuer (und Biere).

An das Dreamteam, das an diesem Buch mitgewirkt hat: Dan Buckley (Thumbcrumble), Patricia Niven, James Le Beau-Morley, Olivia Bennett, Jessica Griffiths, Jacqui Melville und Kajal Mistry.

An Nick und Camilla Barnard, die mir immer Mut machen, meiner Leidenschaft nachzugehen, die mich unterstützt und beraten haben.

An Mum und Dad, deren gegensätzliche Ansichten über Gesundheit mir geholfen haben, nicht abzuheben.

An meinen ersten Vertriebspartner und Freund Alex Hely-Hutchinson. Danke für hohe Anforderungen, guten Rat und Ermutigung.

An meine Familie und Freunde. Danke für eure Geduld mit mir, als ich mich selbstständig gemacht und dieses Buch geschrieben habe. Danke für viele gute Ideen und Denkanstöße.

An Annabel Green, in deren Küche ich über 100 Tonics brauen durfte. Für Bertel Haugen und Luke Suddards für tolle Rezepte und an Tanya Dib, die mir fast immer zur Seite stand.

ÜBER TANITA

Tanita ist in drei Kulturen zu Hause. Sie ist Niederländerin, hat aber ihre Kindheit in Spanien und ihre Studienjahre in Schottland verbracht. Sie hat European Studies studiert und beschäftigt sich leidenschaftlich mit der Bewahrung traditioneller Food-Weisheiten.

Tanitas unkomplizierte Herangehensweise an Gesundheit und Wohlbefinden wurde von ihrer persönlichen Biografie und vielen Reisen nach Südostasien geprägt. Sie hat Rezepte zu verschiedenen Kochbüchern beigesteuert, beispielsweise *Eat Right* von Nick Barnard und *26 Grains* von Alex Hely-Hutchinson.

Alles, was mit Lebensmitteln und Esskultur zu tun hat, weckt Tanitas Neugier. Ihr besonderes Anliegen ist es, dass traditionelles Wissen über einfache Hausmittel, die seit Jahrtausenden von verschiedenen Völkern eingesetzt werden, nicht in Vergesseneheit geraten.

Vor einigen Jahren hat sich Tanita in die Inselwelt Indonesiens verliebt und dort auch Kurkumatonic kennengelernt. Nach ihrer Rückkehr hat sie das goldgelbe Tonic in ihrer eigenen Küche selbst zubereitet und im Alter von 25 Jahren ihr Unternehmen *The Jamu-Kitchen* (www.jamukitchen.co.uk) gegründet.

Ihre Jamu-Küche umfasst einen ungewöhlichen, neuen Aspekt der gesunden Ernährung, kombiniert mit den uralten Zubereitungsweisen. Mit gesunden Tonics bringt sie ihren Londoner Kunden diese alten Weisheiten und die asiatischen Kulturen.

ZS Verlag GmbH
Ein Unternehmen der Edel AG, Hamburg
www.zsverlag.de | www. Facebook.com/zsverlag

Kaiserstraße 14b
D-80801 München
1. Auflage 2018

Titel der Originalausgabe: TONIC.
Delicious & Natural Remedies To Boost Your Health
First published in 2017 by Hardie Grant Books

Text: © Tanita de Ruijt
Fotografie: © Patricia Niven; Vicent Burkhead (S. 83);
Pineapple Supply Co (S. 95); Mink Mingle (S. 137)
Design & Art Diretion: Thumbcrumble
Fotoassistenz: Jessica Griffiths
Foodstyling: Olivia Bennett and Katy Gilhooly

Projektleitung der deutschen Ausgabe:
Julia Sommer, Linh Nguyen
Übersetzung: Wiebke Krabbe, Damlos
Redaktion: trans texas publishing Services GmbH, Köln
Lektorat und Satz: Lesezeichen Verlagsdienste, Köln
Umschlaggestaltung der deutschen Ausgabe: Irene Schulz

Printed in China
ISBN 978-3-89883-815-3